Bybelse Kaleidoskoop

Ligstrale uit die Bybel

Pieter Harris

 Pieter Harris behaal in 1968 sy Meestersgraad aan die Universiteit Port Elizabeth (Vandag die Nelson Mandela Metropolitan University) in Kliniese en Voorligtingsielkunde. In 1965 behaal hy sy B.A. en in 1971 sy Th.B. aan die P.U. vir CHO (Vandag Noordwes Universiteit). Sedert 1971 is hy voltyds predikant in die Gereformeerde Kerke in Suid Afrika (GKSA) om in 2010 te emeriteer.

In 1994 registreer hy as Voorligtingsielkundige by die Geneeskundige en Tandheelkundige Raad (vandag die HPCSA), en begin om deeltyds as sielkundige te praktiseer in Emalahleni (Witbank) waar hy huidiglik steeds praktiseer. Sy primêre fokus is kliniese hipnose en BWRT (Brein Werkende Rekursiewe Terapie) waar hy hom veral toespits op die behandeling van trauma.

Sy passie en eerste liefde is en bly egter steeds die Woordverkondiging waarna hy uitgesien het na Sondag en hy met opgewondenheid en afwagting die ou en nuwe skatte wat hy in die Woord van God ontdek met medegelowiges kon deel.

Pieter is getroud met Elaine van Graan (onderwyseres) en die egpaar het drie kinders Jorgan (kliniese sielkundige), Dorouise (somatoloog) en Alitia (maatskaplike werker).

Inhoud

Hierdie Bybel Dagstukkies is slegs 'n uittreksel van Skrifgedeeltes wat gebruik is tydens huisbesoek, Klein Groep byeenkomste, Jeugaksies en Skool-opening geleenthede.

Hoekom Kaleidoskoop?

Miskien het jy as kind ook kennis gemaak met 'n kaleidoskoop en plat op jou rug in die kaleidoskoop gekyk. Nog voor die tyd van televisie – en het jy jou verkyk aan die verskillende vorms en kleure wat aanmekaar verander terwyl jy die silindervormige speelding stadig in die rondte draai.

Elke keer het die vorms en kleure skouspelagtig in nuwe asemrowende patrone en kleure verander. So verander ons lewe voortdurend oomblik na oomblik en dag vir dag.

'n Kaleidoskoop is egter nutteloos sonder lig. Sou jy in die kaleidoskoop probeer kyk sonder lig, sien jy net donkerte. Met lig verander dit wat jy dan sien drasties.

So vind ons lewe 'n oneindige diepe sin, doel en betekenis as ons ons oë op onse Here Jesus Christus rig. In Johannes 8:12 vind ons hierdie wonderbaarlike uitspraak van onse Here Jesus Christus: *"Ek is die lig vir die wêreld."*

So verander ons lewe voortdurend as ons deur die silinder van ons lewe deur Hom as die ligbron na ons lewe kyk. Ons vind in Hom elke dag nuwe hoop, nuwe inspirasie, nuwe insig en nuwe uitsig. 'n Kleurvolle panorama van geloof, hoop en liefde elke dag in ons lewe.

Ook as dit nag is in jou lewe, kan jy steeds die môrester aan jou hemeltrans sien skitter wat vir jou sê: *"Die nag het al ver gevorder, en dit is al amper dag."* (Romeine 13:12)

Ons bid dat jy dit ook mag sien, elke keer as jy 'n bladsy in hierdie dagboek omblaai om elke dag 'n stukkie te lees. Elke keer iets nuut vir elke dag!

Skarlakenkleure

As kind het ek skarlakenkoors opgedoen en ons huis is onder kwarantyn geplaas. Gedurende die lang, eensame ure van my siekte het ek die wonder van 'n kaleidoskoop ontdek. 'n Wêreld van kleure en vorme wat aanmekaar verander het sodra die silindertjie selfs net effens gedraai word.

Vir my was dit asemrowend mooi!

'n Bietjie later in my lewe, in graad 4, het ek 'n Kinderbybel van my ouma en oupa as geskenk gekry. Ek het die Kinderbybel verslind, want dit was vir my opwindend wonderlik om te lees. (Dit het later letterlik uitmekaar geval van die baie oor en oor lees).

Asembenemend opwindend.

In hierdie verskillende dagstukkies kom dit alles vir my in 'n sekere sin bymekaar, en noem ek dit 'n Bybelse kaleidoskoop. Want ons vind hier 'n Skouspel van verskillende tekste wat soos 'n kaleidoskoop voortdurend in verskillende wisselende kleure en vorme verander.

Dit gee aan ons 'n uitsig op die veelvoudige genade van God. (1 Petrus 4:10)

Roerend en aanskoulik.

'n Beslissende keuse

Lees Daniël 3:16-30

Daniël 3:27 – "Hulle het gesien dat die vuur niks aan hulle gemaak het nie..."

Die groot vraag rondom hierdie gedeelte is: Waarom is daar net drie manne in die vuuroond gegooi? Waarom nie baie meer nie? Daar was seker duisende Jode op die vlakte van Dura – nie net drie nie.

In die eerste gebod het die Here sy volk ten strengste verbied om voor 'n afgodsbeeld te buig. Tog weier die Jode nie om dit te doen nie. Saam met al die heidene buig ook hulle voor die goue beeld. Want hulle was bang vir die woede van koning Nebukadneser.

Hulle was banger vir 'n mens as vir die Here.

Miskien het hulle so geredeneer: Al wat voor hierdie goue beeld buig, is ons liggame. Nie ons harte nie. Ons harte behoort aan die Here. En die Here sal dit ook so verstaan. Maar so verloën hulle die Here.

Omdat hulle vir die mens bang is.

Almal – behalwe Daniël se drie vriende. As almal buig, bly hulle drie regop staan: Kop omhoog. Vreesloos. Fier en trots. Sodat almal hulle duidelik kan sien.

Toe koning Nebukadneser dit sien, is hy woedend. Daarom laat hy hulle in die vuuroond gooi. 'n Vuuroond waarvan die hitte so geweldig is, dat die soldate wat hulle moes ingooi, voor die oond doodbrand.

Agter die hitte van die vuur sien ons die hitte van die woede van die Satan. Wie nie voor die Satan buig nie, kry te doen met sy witwarm woede.

So bring 'n mens se geloof jou voor 'n keuse te staan: Jy moet kies tussen die genade van God of die vuur van die woede van die Satan. En hierdie keuse word later 'n keuse ook tussen die "genade" van die Satan of die vuur van die toorn van die Here.

Omdat hulle vir die Here gekies het word die drie manne vasgebind en in die vuuroond gegooi.

Wanneer Nebukadneser weer kyk word hy doodsbleek. Want in die vuuroond stap daar nou vier manne rond asof hulle 'n wandeling in 'n tuin op 'n koel someraand onderneem.

Weg is die vuur, die hitte, en die gloed. En wat het Daniël se drie vriende in die oond verloor?

Niks!

Nie eers hul hare was geskroei nie!

Tog het daar iets aan hulle wel gebrand. Net die toue waarmee hulle vasgebind was. Dit is al wat hulle verloor het. Dit waarmee mense hulle vasgebind het. En God het hierdie bande van die mense losgemaak, en hulle van die toorn van die mens en die woede van die Satan vrygemaak.

Soos ons vandag in Jesus Christus vry is van die sonde, vry van die bande van die dood, vry van die angste van die hel. Ons is vry.

Wat kan 'n mens aan ons doen?
Eintlik niks.

Ons kan vandag regop staan in hierdie wêreld, en vir God en Sy Woord standpunt inneem. Al staan ons ook alleen. As God vir ons is, wie kan dan teen ons wees? Een plus, God is altyd 'n meerderheid.

> *Ons is in Christus reeds meer as oorwinnaars.*
>
> *Romeine 8:31-39*

Sterkte vir elke dag

Lees Deuteronomium 33:1-3; 24,25.

Deuteronomium 33:25b: – "Mag jou grendel yster en koper wees, en jou sterkte soos jou dae." (1953 Vertaling)

"...en jou lewenskrag soos jou lewensjare." (2020 Vert.)

"And your strength will equal your days." (NIV)

ou dae!
Daar is drie soorte dae in 'n mens se lewe:
- Die verlede = die dag van gister
- Die hede = die dag van vandag
- Die toekoms = die dag van môre.

Van hierdie drie soorte dae is daar twee dae waaraan jy net mooi niks kan doen nie, en dit is:
- Die dag van gister, want gister is reeds verby. Gister lê op sy rug. Al die geld van die wêreld kan gister nie weer terugbring nie.
- En dan is daar die dag van môre. Ook môre lê buite ons bereik. Want môre het nog nie gearriveer nie.

Al wat dus vir ons oorbly is: vandag!
Die hede!
Hier waar ons ons nou op hierdie oomblik bevind.

En vandag is baie belangrik. Want vandag bepaal al die ander dae van ons lewe.

Dit wat ons vandag doen, sal later bepaal hoe ons terugblik op gister in ons lewe sal wees. Maar vandag bepaal ook hoe die môre van ons lewe – die toekoms – daar sal uitsien. Alles hang af van wat ons met vandag maak.

En nou het die Here in sy Woord vir ons 'n heerlike belofte vir vandag. Hy sê: "... en jou sterkte soos jou dae."

In die oorspronklike Hebreeus is daar net twee woorde: soos jou dae (een woord), jou sterkte (een woord).

Dit is soos 'n weegskaal met twee bakke: In die een bak – jou dae. In die ander bak – jou sterkte. En die woordjie 'soos' laat die twee skaalbakke presies balanseer. Die dae sal nie vir jou so gelaai word met hartseer, moeite, bekommernis, siekte en spanning dat hulle vir jou te swaar sal wees nie. Sodra die skaal na die een kant toe afsak, sal alles nie te veel vir jou word sodat jy dit net nie langer kan verduur nie. Nee, in die ander bak word daar genoeg sterkte vir jou afgemeet, om die swaar te balanseer, sodat jy dit kan verduur.

Ons kry dieselfde gedagte in 1 Korintiërs 10:13 *"God is getrou. Hy sal nie toelaat dat julle bo julle krag versoek (beproef) word nie; as die versoeking (beproewing) kom, sal Hy ook die uitkoms gee, sodat julle dit kan weerstaan."*

Ja, ons weet nie wat die toekoms vir ons alles inhou nie. Ons is onseker oor die dag van môre. Maar

God is getrou. Hy gee krag en sterkte vir elkeen wat op Hom vertrou. Jy kan die toekoms rustig tegemoet gaan, want daar is 'n krag wat jou lewe balanseer. Die krag van God.

Ons teks belowe dat die stroom van krag en sterkte aanhoudend uit God se hand sal bly uitvloei in jou lewe – genoeg vir elke dag.

Sodat, wanneer ek terugkyk na gister, ek mag bely: God was my sterkte.

As en na vandag kyk, kan ek bely: God is my sterkte.

As ek na môre kyk, kan ek bely: God sal my sterkte wees.

Sy krag en sterkte hou my staande: elke dag, elke uur, elke sekonde van beproewing.

Dit is elke dag weer altyd daar. Altyd nuut, altyd vars, altyd fris, altyd genoeg, nooit te min nie. Omdat ek in Jesus Christus sy kind is. En dit is onse Here Jesus Christus wat ook aan ons belowe het: *"En onthou. Ek is by julle al die dae tot aan die voleinding van die wêreld."* (Matteus 28:20).

> *Hy, onse Here Jesus Christus – Hy is dan uiteindelik*
> *die Hoeksteen en Fondament van ons teks:*
> *En jou sterkte soos jou dae.*

'n Eie plek

Lees Efesiërs 2:1-8

Efesiërs 2:6 – "... en saam met Hom 'n plek in die hemel gegee..."

'n wat Plek! Daardie besondere deel op aarde net vir jou gereserveer is. Daar waar jy inpas. Daar waar jy aanspraak het. So het die Here Self vir die mens 'n eie plek op aarde gegee. Die Paradys. Genesis 2:8: *"... en daar aan die mens... 'n plek gegee." (1953 Vertaling)*

Na die sondeval was daar egter nie meer vir die mens plek in die Paradys nie. Nêrens 'n eie werklike plek op aarde nie. Die mens het as't ware net 'n tydelike permit op aarde. Hy kan vir 'n kort rukkie bly – en dan móét hy weg. Of hy nou gewillig of onwillig vertrek. Hy móét weg! Hy kan nie vir altyd hier bly nie. Daarom sal daar ook 'n dag kom dat sy plek op aarde leeg sal wees. Die Griekse woord vir "plek gee" in ons teks hang baie nou saam met 'n ander Griekse woord wat beteken: 'n Reisiger na vreemde lande.

En dit is presies wat ons hier op aarde is. Reisigers na vreemde lande. *"Want die wêreld is ons woning nie."* (Totius) Een of ander tyd sal ons plek leeg wees, en ander mense sal ons plek inneem, en in ons plek staan. Soos Psalm 103:16 dit stel: *"...en sy plek vir altyd leeg."*

Maar nou sit ons met 'n groot vraag: Is daar in die vreemde land vir ons plek?

Die goeie nuus van die evangelie is dat Christus ook ons "plekloosheid" op Hom geneem het. As Hy aan die kruis op Golgota hang, hang Hy daar tussen hemel en aarde.

Dit beteken: Nêrens is daar vir Hom plek nie. Die aarde wil Hom nie hê nie. Die hemel wil Hom ook nie hê nie.

Daar is vir Hom net plek in die hel. Daarom dat die magte van hel op Hom toesak terwyl Hy aan die kruis hang. Sodat dit stikdonker op aarde word. 'n Duisternis wat tot drie uur lank geduur het.

So hang Hy daar in ons plek – in ons "plekloosheid" – sodat ons plek mag hê.

Plek op aarde. Plek in die hemel.

Plek op aarde – waar ons soveel seëninge uit God se hand mag ontvang.

Plek in die hemel – 'n ware tuiste, 'n ewige woning. Christus wat ons vooruit gegaan het om vir ons plek te berei. Daarom kan ons maar net oorstap van ons tydelike verblyfplek op aarde, na ons ewige woonplek in die hemel. Maar ons hét plek! Plek by Christus.

Ons burgerskap is aan ons teruggegee! Aan ons is daar 'n eie plek gegee in God se koninkryk. 'n Woonplek.

En niemand kan ooit hierdie plek van ons wegvat of
ons van hierdie plek verdryf nie.

> *Dit is ons troos in lewe en in sterwe.*
> *Daar is vir ons plek by Jesus Christus onse Here!*
> *'n Plek in die hemel.*

Lig in die donker

Lees Eksodus 10:21-27

Eksodus 10:21: – "Die Here het toe vir Moses gesê: Steek jou hand in die lug op. Dit sal stikdonker word oor die hele Egipte. 'n mens sal amper daaraan kan vat.
23: Vir drie dae lank kon die mense mekaar nie sien nie..."

Eenkeer het God gesê: *"Laat daar lig wees!"* *(Genesis 1:3)*

Maar in ons teks maak God die donkerte in Egipte, deur doodeenvoudig die lig van die hemel af te skakel. Nie Moses wat dit doen nie. God sny die mens van sy sonlig af, en dompel Farao en al sy mense in 'n pikdonkerte. 'n Onheilspellende donkerte. Dit is so donker dat 'n mens dit kan voel. Die mense kon mekaar nie eens sien nie, so donker was dit. Daar was net niks – nie eens maanskyn nie.

Hoe erg moes dit nie gewees het nie? Sonder lig die nag in. Sonder lig die dag in.

God gebruik ook die donker in sy diens. Daarom dat God ook baiekeer die lig in 'n mens se lewe afsit, en jou in die donkerte dompel.

Maar donkerte is nie altyd oordeel nie.

Donkerte kan ook genade wees.

Want God wil die Farao se hart eers verander.

Hy wil nie die Farao onmiddellik met die dood straf nie.

Daarom kom die negende en tiende plaag.

Eers die donker, dan die dood van die eersgeborenes.

Die pad na God se lig lei deur die afsit van die lig in ons lewe. God wou die Farao juis deur die donkerte tot gehoorsaamheid aan Hom lei.

Hier is die woorde van Habakuk 3:2 van toepassing: *"In toorn, dink aan ontferming."* (1953 Vertaling) Of: *"Ontferm U selfs in u toorn."* (1983 Vertaling)

Daarom kan ons God se donker ook sien as die verpakking van God se lig. In sy toorn is daar ook altyd ontferming. Iewers in jou diepste hartseer en al jou ergste swaarkry is daar ook altyd iets van God se liefde. Want eers as dit begin swaar gaan, begin jy weer na God te vra. Daarom dat Farao onwillig gehoorsaam. (Hy het egter later weer 'n keer sy besluit verander.)

By Israel was dit lig.

Nie gewone sonlig nie.

Maar God se lig in Egipte se donkerte. Die lig was net soos die donker 'n teken. Die donker as teken van God se oordeel oor Farao as hy nie verander nie. Die lig as teken van God se genade oor Israel. Want dit was net genade dat daar lig by hulle was. God het gesorg dat daar lig by Israel was toe al die ligte in Egipte uitgegaan het. Die donker-lig tekens wys ook vooruit as profesie na die kom van Christus in hierdie wêreld.

Jesaja 9:1 sê die volk wat in donkerte geleef het, het 'n groot lig gesien – oor die wat in die donker land was, het 'n lig geskyn. Hierdie woorde wys op Israel in die ballingskap, want ook hulle sit daar in die donker – net soos in Egipte.

'n Engel voor ons uit

Lees Eksodus 33:1-4

Eksodus 33:4 – "Toe die volk hierdie harde woorde hoor, het hulle baie hartseer geword. Hulle wou nie langer juweliersware dra nie."

Ons teks lê ingesluit tussen Eksodus 32 en Eksodus 34.

Eksodus 32 handel oor die goue kalf: verbondsverbreking.

In Eksodus 34 word die bepalings van die wet weer neergeskryf – verbondsvernuwing.

Verbondsverbreking: die weggaan van die Here af.

Verbondsvernuwing: om weer na die Here toe terug te kom. Ten spyte van die verbondsverbreking moet die trek na Kanaän aangaan, verder gaan, voortgaan. God het aan die aartsvaders, Abraham, Isak en Jakob, belowe dat hulle die beloofde land Kanaän sou verkry. Hy het belowe om aan hulle melk, heuning en voorspoed te gee. En God hou by sy beloftes.

Hy het ook belowe om hulle vyand voor hulle te vernietig. Die volk Israel sou dus al die beloftes ontvang wat die Here gemaak het. Behalwe vir hierdie een ding: Hy gaan nie met hulle saam nie. Hy stuur 'n engel met hulle saam.

Hulle sou dus sonder sy persoonlike teenwoordigheid verder moes trek. Toe die volk dit hoor, was hulle verslae en geskok. Hulle treur en hulle dra geen juwele nie. Skielik besef hulle: Hulle ontvang nou wel al die mooi gawes waaroor hulle nog altyd net gedroom het, uit God se hand. Maar sonder God is al hierdie mooi gawes niks werd nie. God se engel gaan wel met hulle saam. Hulle kan egter nie met hierdie engel praat soos hulle met God gepraat het nie: voor hom neerkniel, hom aanbid, hulle harte voor hom uitstort, en hom smeek nie.

Nee! God móét saam! Anders gaan hulle nie 'n enkele tree verder vorentoe nie. Soos Moses ook in Eksodus 33:15 vir die Here sê: *"As U nie self saamgaan nie, moet U ons nie van hier af laat wegtrek nie."*

Wat 'n mens laat dink... wat baat al God se mooi gawes aan ons? Wat baat besittings en seëninge ons? Wat baat welvaart en voorspoed ons? As God nie op ons pad met ons saamgaan nie. As ons alleen moet verder gaan.

Wat baat kerkbesoek, preke, Bybellees en bid, doop en nagmaal ons – as God nie in ons midde is nie?

Nee, 'n engel is nie genoeg nie. Voorspoed, seëninge en besittings ook nie. God moet by ons wees. Hy moet saam met ons gaan. Anders niks!

Ons moet leer om soos Moses te bid: *"As U nie self saamgaan nie, moet U ons nie van hier laat wegtrek nie."*

God het in Christus ook hierdie gebed verhoor.

Daarom kan ons weer met verwondering en dankbaarheid na die laaste woorde van onse Here Jesus Christus luister, net voor sy hemelvaart: *"En onthou; Ek is by julle al die dae tot aan die voleinding van die wêreld."*

Ons is nooit alleen in hierdie wêreld nie, maak nie saak waarheen ons gaan nie. God gaan saam!

'n Lewenslange stryd

Lees Galasiërs 5:13-26

Galasiërs 5:17a – "Wat ons sondige natuur begeer is in stryd met wat die Gees wil, en wat die Gees wil, is in stryd met wat ons sondige natuur begeer. Die twee staan lynreg teenoor mekaar..."

Nie een van ons bereik ooit 'n punt in hierdie lewe waar ons kan sê dat ons finaal die goeie stryd van die geloof klaar gestry het nie. Dit bly 'n lewenslange stryd, wat eers by die dood tot 'n einde kom.

Solank as wat ons leef is daar twee magte in ons aan die werk wat lynreg en onverbiddelik teenoor mekaar staan: die sondige natuur, en die Gees van God.

Want wat die sondige natuur begeer is in stryd met die Gees van God, en wat die Gees wil, is in stryd met die sondige natuur.

Die sondige natuur wil ons van God vervreem.

Die Gees wil ons weer nader bring aan God.

Die sondige natuur wil ons aan God laat twyfel.

Die Gees wil ons op God laat vertrou.

Die sondige natuur wil ons tot sonde verlei.

Die Gees wil hê dat ons vyande van die sonde sal wees.

Die sondige natuur wil hê dat ons ons eie heil moet uitwerk en self ons geluk soek.

Die Gees wil hê dat ons ons hele lewe in die hande van onse Here Jesus Christus plaas. Daarom is daar voortdurend stryd, konflik en oorlog in ons harte.

Wat gaan die uitkoms wees? Wie gaan die stryd uiteindelik wen? Martin Luther het hierdie stryd 'n vrolike stryd genoem.

Omdat dit God is wat uiteindelik oorwin.
Want die sondige natuur is tydelik.
Die Gees is ewig.
By die dood gaan die sondige natuur finaal onder.
Die Gees en die dinge van die Gees bly oorwinnend oor.
Daarom moet ons 'n besluit neem om aan die kant van die Gees te veg teen ons sondige natuur.
Ons moenie die Gees weerstaan nie, nie die Gees bedroef nie, nie die Gees uitblus nie, sodat die Gees bedroef van ons weggaan nie.
Want as die Gees van ons weggaan, hou die stryd op.

Dan seëvier ons sondige natuur.

Hierdie oorwinning is egter slegs 'n tydelike oorwinning. Want dan staan jy na hierdie alleen voor die troon van die Here; sonder die Seun en sonder die Gees. So alleen soos jou vinger.
Want hierdie Gees is die Gees van onse Here Jesus Christus. Hy is die Kragbron in hierdie

verwoede stryd. Hy staan ons by, lei ons, en leer ons hoe om te stry.

En al kry ons swaar in die stryd weet ons dit is eintlik 'n vrolike stryd.

Want die uitslag is reeds verseker. Soos wanneer mens 'n DVD kyk wat reeds opgeneem is. Die eindtelling is reeds vasgelê.

Ons wéét nou al reeds dit: *"Maar in al hierdie dinge is ons reeds meer as oorwinnaars deur Hom wat vir ons liefhet.* (Romeine 8:37)

Eerste en laaste woorde van God in die Bybel:
Genesis 1:1 "In die begin het God die hemel en die aarde geskep."
Openbaring 22:21 "Die genade van die Here Jesus sal by almal wees."
Daar is so baie dinge in die lewe wat vir ons as mense verborge, geslote en geheim is.

Ons ken net nie al die antwoorde op die baie vrae wat ons in ons binneste het nie.

As mens met die Bybel besig is, merk jy dit al op as jy die Bybel oopmaak en reg van die begin te lees: *"In die begin..."*

Net daar begin die vrae reeds: Wat het voor die begin gebeur? Voordat daar nog mense was? Wat het toe gebeur? In die ewigheid voor die begin?

In die oorspronklike Hebreeus is daar net een woord vir: In die begin: *Berejsjit,* en nie drie woorde soos in die Afrikaanse teks nie.

Dit begin dus met 'n B. Die Hebreeuse B lyk byna soos 'n U wat op sy sy lê - ב - oop kant na links.

Die ou Rabbyne het gesê hierdie Hebreeuse B is na 3 kante geslote – bo, onder en agter. Net één kant is oop: die voorkant.

Dit is slegs oop vir God. Net God ken al die antwoorde.

Die waaroms en die hoekoms ook in ons lewe. Vir ons is dit geslote, behalwe dit wat God in sy Woord aan ons openbaar.

Nou is dit treffend dat die laaste woord in die Bybel – die Griekse woord *Garis* – die woord genade is. En die Griekse G lyk soos die hoofletter X waar alles oop is: bo, onder, links en regs. Dit is God se laaste Woord aan ons: Genade!

Genade is iets wat ons bly maak, want die werkwoord hier beteken: om te juig, om bly te wees, om vervul te wees met vreugde, om verheug te wees.

Genade is 'n woord wat nooit losgemaak kan word van die Naam van onse Here Jesus Christus nie.

Daarom kom dit in die heel laaste vers in die Bybel voor sáám met die Naam van onse Here Jesus Christus.

Want Hy is juis die rede vir ons genade, ons blydskap, ons vreugde.

Ons sondes wat in Christus Jesus vergewe is. Dit is die belangrikste van alles.

Die heel belangrikste. Al het ons ook hoeveel vrae in ons lewe. Al ly ons ook hoe bitter. Al is ons aanvegtinge geweldig moeilik. Al verstaan ons net mooi niks daarvan nie.

Dan bly daar in Christus vir ons nog een woord oor. Die laaste woord in die Bybel. Die woord genade! En dit is vir ons genoeg. Heeltemal genoeg. Meer as genoeg.

> *Want God se genade is vir ons altyd genoeg –*
> *ongeag ons omstandighede – in Christus Jesus*
> *onse Here.*

God het die sleutel

Lees Genesis 7

Genesis 7:16B – "En toe het die Here die ark agter Noag toegesluit."

ie feit dat die Here Self die deur agter hulle toegesluit het, is 'n teken van God se genade. Hy laat dit nie oor aan Noag om dit te doen nie. Hy doen dit Self.

Dit beteken dat God die deur van die ark, teen die stormgeweld daarbuite, Self verseël. Die handvatsel en die slot van die ark se deur sit aan die buitekant. Hy is in beheer! Noag kan dit nie van binne oopsluit nie. Hy en sy gesin word deur God in die beperkte ruimte binne-in die ark toegesluit, maar terselfdertyd van die stormwaters daarbuite afgesluit

Vier maande lank sou hulle in hierdie beperkte ruimte moes lewe, terwyl die ark op die stormwaters ronddrywe.

Ons moet ook die moeilike omstandighede binne in die ark nie miskyk nie.

Nadat God die deur van die ark toegesluit en verseël het, was dit as't ware 'n drywende doodkis. 'n Tydelike graf. Niemand daarbinne kon nou uit na buite toe nie. Mens en dier is saam toegesluit. Tensy God weer eendag die deur oopsluit.

So bevind ons ons ook in ons ingeperkte lewens-ruimte. Ons is ingeperk in 'n mooi land met geweldig baie probleme.

Ons is deur misdaad, korrupsie, en deur bekommernisse, spanning, frustrasie, moeilikhede en probleme ingeperk. Ons is in 'n liggaam wat deur ouderdom besig is om te verval ingeperk. Ons is deur 'n gevaarlike siekte ingeperk.

Maar God het die sleutel. Hy waak oor Noag en sy gesin. Hy het hulle nie vergeet nie.

In Genesis 8:1 lees ons dat God gedink het aan Noag en aan al die wilde diere en al die mak diere wat by hom in die ark was.

Weldra sou God weer die deur van die ark vir hulle oopsluit. Sou Noag en sy gesin uitstap in 'n nuwe wêreld – en op 'n nuwe aarde weer aan land gaan.

So het God in Christus ook gedink aan al sy gelowiges wat op aarde deur sonde toegesluit is.

Uit die veilige Paradys uitgesluit.

In die ellendige dampkring van die sonde toegesluit.

Maar aan die kruis op Golgota het Hy weer die deur vir ons oopgesluit. Die deur na die hemel. En sien ons 'n pad na buite. 'n Oop graf, en 'n oop pad tot in die hemel – tot in die Vaderhuis met die baie woninge. 'n Ware, veilige, ewige tuiste.

So werk God met ons – soos Hy met Noag en sy gesin gewerk het.

Eers die engtes – die engtes van die sonde.

Dan die ruimtes – die groot oop ruimtes van God se grenslose genade in Jesus Christus onse Here.

Vandag voel ons ook op hierdie aarde ingeperk en toegesluit. Asof daar nêrens enige uitkomkans is nie. Moet dan asseblief nie wanhoop nie. Bly net glo en vertrou op God. Alles is in sy hand.

Hy het die sleutel.

Hy wat die sleutel van Dawid het, wat die deur oopsluit, en niemand sal dit ooit weer toesluit nie – en dit toesluit, en niemand sluit dit ooit weer oop nie.

Eenmaal gaan Hy beslis die deur vir jou en ook vir my weer oopsluit. En sal ons vry uitstap na buite toe in die onmeetlike ruimtes van die ewige lewe, om as nuwe mense op 'n nuwe aarde onder 'n nuwe hemel te gaan woon. By Jesus Christus onse Here. Die blink môrester waarop ons vandag ons oog gevestig moet hou omdat die nag amper verby is. En die nuwe dag straks in die ooste oor die nuwe aarde sal aanbreek.

> *En die deur weer oopgemaak sal word. Die deur*
> *na God se nuwe môre!*

Om op God te wag

Lees Genesis 8:1-18

Genesis 8:6-12 – "6 Veertig dae later het Noag die venster wat hy vir die ark ingesit het, oopgemaak 7 en 'n kraai losgelaat, maar dit het heen en weer gevlieg totdat die water op die aarde opgedroog het. 8 Noag het toe 'n duif losgelaat om te probeer vasstel of die water al van die aarde af verdwyn het. 9 Maar oral op die aarde was daar nog water, en die duif kon nie 'n rusplekkie kry vir die holte van sy voet nie en het na Noag toe in die ark teruggekom. Hy het dit toe met sy hand gevang en in die ark teruggesit. 10 Noag het toe nog sewe dae gewag en weer die duif uit die ark uit losgelaat. 11 Teen die aand het die duif na hom toe teruggekom, nogal met 'n varsgeplukte olyfblaar in sy bek. Toe het Noag geweet dat die water op die aarde opdroog. 12 Hy het nog sewe dae gewag en die duif losgelaat, maar dit het nie weer na hom toe teruggekom nie."

ns as gelowiges is dus wagtende mense. Ons wag op 'n nuwe toekoms – 'n nuwe wêreld, nadat die ou wêreld verbygegaan het.

Net soos Noag en sy gesin binne die ark op die koms van hulle nuwe wêreld gewag het. Noag en sy gesin was veilig binne die ark, die skip van genade. Maar die mense binne die ark is letterlik aan alle kante deur die dood omring Daarom vind ons binne die ark geloofsbeproewing en geloofspanning vir al 8 mense binne die sfeer van God se genade. Eensaam en alleen dobber en dryf die ark op die onmeetlike waters; nêrens 'n ankerplek nie, nêrens vaste grond nie, nêrens 'n veilige kuslyn nie.

En die storm daarbuite speel 'n woeste spel met die ark. Die ark met sy mense en diere daarbinne word heen en weer geslinger van die een golf na die ander golf – soos 'n kurkproppie op 'n bulderende, woeste, skuimende watermassa. Is daar nog hoop vir Noag en sy gesin?

Hoe lank nog voordat die ark in die skuimende watergolwe sink en ondergaan? Kan daar ooit 'n toekoms wees vir hierdie agt mense wat uit die ou wêreld oorgebly het? Sal die aarde weer onder die doodswaters uit te voorskyn kom – 'n herstelde aarde, met sonskyn, blomme en plante en bome, kwetterende voëls, huppelende bokke en kabbelende waterstroompies. En tog … terwyl die ark hulpeloos en reddeloos op die golwe ronddobber is daar Een wat die hele tyd oor die ark die wag hou.

Een wat mens en dier binne in die ark in sy hand bewaar. Een wat die ark stuur. Die Here, die troue Verbondsgod. So lees ons in Genesis 8:1: *"Toe het God gedink aan Noag en aan al die wilde diere en die mak diere wat by hom in die ark was, en God het 'n wind oor die aarde laat waai, en die waters het teruggetrek."*

God het aan Noag en sy gesin gedink. God se gedagtes het al die tyd oor Noag en sy dierbares die wag gehou. God het die vleuels van sy beskerming oor die ark gehou, en die ark veilig deur die storm en die golwe gestuur. Totdat die storm bedaar, en die water kalm geraak het. Dan laat God 'n wind oor die waters waai, sodat die water kon verdamp. Die watervlak weer begin daal, totdat die ark uiteindelik op die bergspits Ararat te ruste kom. Wat 'n verligting! Eindelik is daar weer vaste bodem, vaste aarde, onder hulle.

Maar steeds was daar spanning en onsekerheid binne in die ark. God het wél vir Noag gesê wanneer die storm gaan losbars. En God het wél belowe dat Hy Noag en sy gesin in die storm sal bewaar.

Maar God het nie gesê wanneer die aarde weer droog en bewoonbaar sal wees nie, en wanneer hulle uit die ark sou kom nie. En daar was ook geen verdere woord van die Here aan Noag en sy mense in die ark nie. Al wat hulle gehad het om aan vas te hou, was God se belofte. Verder was dit maar wag, en nogmaals wag … Wag op God se tyd. En wagtyd is spanningstyd.

Eintlik kan jy niks doen terwyl jy so moet wag nie. Dink net aan die lang tye in die ark waarin hulle niks kon doen nie.

Vyf maande lank sou die ark rondslinger op die kolkende watermassa voordat dit eindelik op die berg Ararat tot ruste sou kom. En nóg is dit nie die einde van die wagtyd nie. Want hulle wag nog 'n verdere drie-en-sewentig dae voordat die eerste bergtoppe eers begin sigbaar word.

Na honderd-en-dertien dae stuur Noag 'n kraai uit, en sewe dae later 'n duif.

Die duif kom terug sonder om 'n rusplekkie vir die holte van sy voet te kry.

Nog sewe dae gaan verby, en die tweede duif fladder met vlerkgeklap uit die ark, om met 'n groen olyftakkie in sy bek eers teen die aand weer terug te keer. En dit is die eerste klein sprankie hoop van die nuwe aarde wat op hulle wag.

Die eerste groet van die nuwe aarde wat bo die watervlak begin verrys. As die olyfbome al bo die water begin uitsteek, beteken dit dat die watervlak baie vinnig sak, en dat die nuwe aarde reeds onder die doodswaters gereed is – die ou wêreld is reeds verby – en die nuwe wêreld wag al klaar op hulle. Intussen moes hulle steeds wag en wag en wag.

Na nog sewe dae word daar vir die derde en laaste keer weer 'n duif uitgestuur. Hierdie keer het die duif egter nie weer teruggekom nie, want die duif het op die nuwe aarde rus gevind.

Nou het Noag geweet dat die dag vinnig naderkom dat hulle ook die ark sou verlaat. En daarna het die Here ook die deur van die ark kom oopmaak. Hy het nie vergeet om die deur van die ark weer oop te sluit nie. Hy doen dit alles egter op sy tyd.

Eers na 'n wagtydperk van een jaar en tien dae nadat hulle aan boord van die ark gegaan het, sou hulle weer op droë grond uitstap en weer vaste aarde onder hulle voete hê.

En vandag wag ons weer... Ons wag op die wederkoms van onse Here Jesus Christus. Op 'n nuwe wêreld. Op die tyd wanneer God alles weer nuut sal maak.

Ons moet leer om te wag – op God se tyd te wag.

Intussen het Christus ons liggaam as pand na die hemel met Hom saamgeneem. Want Hy het met sy aardse liggaam na die hemel opgevaar.

En ons het vandag sy Heilige Gees as pand op die aarde. Die Heilige Gees wat in ons harte bly – ons Trooster – sodat ons nou reeds die beginsel van die ewige lewe in ons harte kan ervaar.

Sodat ons ook as't ware reeds met die olyftakkie in die hand staan en wag. Ons moet net op God se tyd geduldig en gelowig wag. Weldra sal Hy op die wolke kom – en sal die ou aarde ondergaan – nie met water nie – maar met vuur.

En uit hierdie vlammesee sal daar 'n nuwe aarde onder 'n nuwe hemel verrys.

> *Daarvan is die Heilige Gees vir ons 'n Pand, 'n Seël, en 'n Versekering. Ons moet net leer om te wag...*

Kraaie en duiwe

Lees Genesis 8:1-11

Genesis 8:11 – "Teen die aand het die duif na hom toe teruggekom, nogal met 'n varsgeplukte olyfblaar in sy bek. Toe het Noag geweet dat die water op die aarde opdroog."

Ons teksvers speel af tydens die sondvloed (groot vloed). Buite die ark in die wêreld heers daar chaos. Die hele aarde is deur water oorstroom. En op die waters dryf hout, en tussen die dryfhout die karkasse van dooie diere en die lyke van dooie mense.

Die oordeelstorm van God het niks en niemand ontsien nie. Om te sien of die water al enigsins begin sak het, stuur Noag eers 'n kraai uit na buite toe, en daarna 'n duif. Dan tree hierdie verskil na vore: die kraai is heel tuis in hierdie moeras waar die dood heers. Want die kraai is 'n roofvoël. Hy leef van die aas op die waters. Die doodsreuk trek hom aan. Die aas voed hom, en is vir hom genoeg. Daarom keer die kraai nie weer terug na die ark toe nie. Die moerasse word in die wêreld sy blyplek en sy woonplek.

Maar die duif is anders. Die duif is glad nie tuis in hierdie moeras nie. Rusteloos sweef hy oor die waters heen. En teen die aand keer hy na die ark terug, om daar sy rus te vind. By Noag – die naam Noag beteken dan ook: rus!

So vind ons dit ook onder die mense. Die kraai-mentaliteit en die duif-mentaliteit. Eersgenoemde is in die moerasse van die sonde heel tuis. Hulle hou van die wêreld daarbuite – ten spyte van al die ellende. Soos kraaie sweef en jaag hulle onverpoosd voort – van karkas tot karkas. Te midde van spanninge, opofferinge, moeite en verdriet. Hulle verlang na niks beter nie. Hulle is in die sonde-moerasse tuis.

En dan is daar die duif-mentaliteit. Duiwe moet ook die ark verlaat en uitgaan na die wêreld daarbuite. Hulle moet oor dieselfde moerasse rondfladder. Maar nooit is hulle daar tuis nie. Nooit vind hulle daar rus nie. Nooit is hulle daar op hulle gemak nie. By die Rusgewer Jesus Christus, is al waar hulle ware rus vind. Hy wat ook gesê het: *"Kom na My toe almal wat uitgeput en oorlaai is, en Ek sal julle rus gee."* (Matteus 11:28) Rus rondom sy Woord. Rus rondom sy tafel. Rus in gebed. Rus, vrede, kalmte, veiligheid.

Die duif keer met 'n groen olyftakkie in sy bek terug ark toe. Dit is besonder veelseggend. Want olyfbome groei nie hoog op berge nie, maar onder op die vlakte. Olyfbome word ook nie baie hoog nie. Dit beteken: die water het gesak – die nuwe aarde lê gereed – 'n nuwe toekoms wag op Noag en sy gesin. Dit is net 'n kwessie van tyd. Noag en sy gesin moet net geduldig en gelowig wag. So dra ons ook die beginsel van die geloof in ons harte – soos 'n jong groen olyftakkie.

Geloof waardeur ons sal lewe, geloof waarmee ons 'n nuwe toekoms tegemoet gaan, geloof waardeur ons verseker is van die nuwe aarde wat onder God se nuwe hemel op ons wag. Ons wat glo in Jesus Christus as ons enigste Saligmaker, Verlosser en Redder.

Onthou dit as jy moet uitgaan na die lewe en wêreld daarbuite. Die lewe met sy worsteling en stryd, werk en sweet, nood en ellende, kwellinge en bekommernisse, swaarkry, siekte en dood. Ek en jy is wel in hierdie wêreld. Maar ons kan nooit daar tuis wees nie. Ons rusplek is by God. Ons woonplek is by God. Ons vrede is by God.

Mag die HERE ook sy hand uitsteek na al sy duiwe in hierdie wêreld, en hulle veilig na Hom toe terugbring. Mag Hy sy hand in Jesus Christus ook na jou toe uitsteek en jou veilig in Sy woning tuisbring waar jy die ware vrede en rus mag geniet vir ewig en altyd.

Vanwaar? Waarheen?

Lees Genesis 16:1-16

Genesis 16:8 – "Die engel sê vir haar: "Hagar, diensmeisie van Sarai, waar kom jy vandaan? Waarheen gaan jy?"
"Ek vlug weg van my meesteres,' antwoord sy."

In ons teks vind ons twee vrae in een asem:
Vanwaar? Waarheen?
God se vrae aan Hagar.
Ook aan jou en aan my:
Waar kom jy vandaan? En...
Waar gaan jy heen?

Nou is dit baie selde dat mens twee vrae tegelyk met een enkele woordjie kan beantwoord.
Tog is dit presies wat Hagar doen.
Sy antwoord:
Ek vlug! (In die oorspronklike Hebreeus is dit net een woord)
Soos die 1953 Vertaling dit ook letterlik vertaal het: Ek vlug....
Ek vlug weg...
Vlug is haar antwoord op die vraag: Vanwaar?
Dit is óók haar antwoord op die vraag: Waarheen?
Vlug!
Eintlik is dit ook nie 'n antwoord nie.

Eerder 'n belydenis, 'n erkentenis, 'n erkenning.
Hagar is die vlugteling tussen twee vrae:
Vanwaar? Ek vlug!
Waarheen? Ek vlug!
Dikwels is dit ook ons antwoord op sulke vrae:

- Ek vlug; ek hardloop weg; ek gee pad; ek blaas die aftog.
- Ek vlug weg van al die sorge van my lewe, van my spanninge, my werk, my probleme, my kwellinge, my bekommernisse, my onsekerhede.
- My lewe is die lewe van 'n vlugteling. Ek is altyd aan die vlug.
- Ek is naarstigtelik op soek na veiligheid, vastigheid, vryheid en sekuriteit

Vlug maak jou egter nie vry nie. Eerder onvry en gebonde.

Want mens kan nie van die lewe af wegvlug nie.

God praat met Hagar...

Hy spreek Hagar aan as: Hagar, slavin van Sarai. Hagar bly al die tyd steeds 'n slavin, ten spyte van die feit dat sy daarvan probeer wegvlug. Die feit dat sy vlug maak haar nog lank nie vry nie, en verander nie haar posisie nie.

Iemand wat vlug is eerder aan groter slawerny gebonde, want deur te vlug vererger jy die lyding, die pyn en die ongemak.

Hierdie skynbare "makliker uitweg" is eintlik 'n moeiliker uitweg. Dit vergroot en vererger net die bestaande probleme. Byna het Hagar en haar ongebore seun Ismael daar in die woestyn van dors gesterf. Totdat sy God ontmoet. Dan verander sake. Want God praat met haar en sê vir haar: *"Gaan terug! Onderwerp jou! Verneder jou!" (1953 Vert.)*

Dit is God se opdrag: Daar is 'n pad terug.

Jy hou egter vol: maar ek kan nie!

Eintlik is dit: ek wil nie!

Jy kan as jy wil. Jy kan in Jesus Christus.

Want Hy het met die pad van vernedering na ons toe gekom. Juis toe ons van God as gevolg van ons sonde weggevlug het. Toe God vir Adam gevra het: *"waar is jy?"* (Gen. 3:9) en Adam wat antwoord: *"ek kruip weg."* (Gen. 3:10)

Christus het sy hemelse heerlikheid afgelê, Homself ontledig (leeg gemaak) volgens Filippense 2:7,8 in die 1953 Vertaling, Homself verneder, om ons aan die kruis op Golgota te verlos. Daarna het Hy met heerlikheid teruggegaan vanwaar Hy gekom het (met sy hemelvaart).

Daar is nou in Christus vir jou altyd weer 'n pad terug vanwaar jy ook al gekom het. Terug na God toe. Terug na jou naaste toe. Terug na die lewe.

> *Want die pad wat in Christus vir ons wag is die pad van heerlikheid. Die pad na die huis van ons Hemelse Vader. Dan is ons uiteindelik waar ons nog altyd wou wees. Veilig tuis!*

God wat oë oopmaak

Lees Genesis 21:8-21

Genesis 21:17,18,19 (veral vers 19)
"17 God het die kind hoor huil, en die Engel van God het uit die hemel na Hagar geroep en vir haar gesê: "Wat is dit, Hagar? Moenie bang wees nie, want God het die kind daar waar hy lê, gehoor. 18 Staan op, tel die kind op en troos hom, want Ek sal hom 'n groot nasie laat word."
19 Toe het God haar oë oopgemaak en sy het 'n put met water gesien. Sy het die velsak vol water gaan maak en vir die kind water gegee."

Ons teks bring ons by 'n uiters moeilike situasie.

'n Moeder en haar kind alleen in die woestyn. Albei is deur Abraham die woestyn in gestuur. Die situasie is uiters kritiek!

Die seuntjie Ismael is onder een van die bosse in die woestyn besig om van die dors te sterwe.

Hagar sit 'n entjie verder weg om nie haar kind se kermende smeek-geluide te hoor nie.

Hulle is stoksielalleen, terwyl haar kind besig is om van dors te sterf. Haar water is op, en sy het niemand by haar nie. Al wat sy nou nog kan doen, is om net daar te sit en huil.

Totdat die Here ingryp. Die Engel van die Here praat met haar.

Engel met hoofletters, want hier het ons te doen met die Ou Testamentiese verskyningsvorm van onse Here Jesus Christus. Kyk nou wat doen Hy.

Hy stuur nie engele met water na haar toe nie. Hy praat ook nie met 'n rots sodat daar water uit die rots uitvloei nie. Hy gee ook nie vir haar 'n kruik met water nie.

Nee! Hy maak haar oë oop.

Dis al.

Toe sien sy die put met water. Sy skep, en sy en haar kind drink, en so red sy haar kind se lewe. Die redding was al die tyd hier vlak by hulle, feitlik 'n hanetree. Terwyl hulle intussen besig was om te vergaan van die dors.

Calvyn (Skrifuitlêer) sê die put was al die tyd daar. Dit het nie sommer uit die niet deur 'n wonderwerk skielik daar in die woestyn opgespring nie. Dit wás daar.

Hagar se hartseer was egter net te groot. Haar trane het haar verblind. Soveel so dat sy nie die put kon sien nie. Daarom moes die Engel van die Here eers haar oë oopmaak.

Herhaal hierdie geskiedenis nie ook maar baie keer in ons eie lewe nie? Ons wat in die woestyn van hierdie lewe verkeer. Ons kry swaar, ons worstel, ons sug, ons raak mismoedig, en ons sien die lewe as uitsigloos en hopeloos.

Lewe ons dalk nie té na-aan ons nood nie?

Sodat ons bitter dors ly, en eintlik besig is om vanweë al ons sorge en bekommernisse te sterf.

En dit terwyl die lewende water rustig hier vlak by ons verbyvloei, maar ons sien dit nie raak nie. Omdat ons in al ons nood te verblind en kortsigtig is.

Hier by ons is die Woord van die Here wat ons heenwys na Jesus Christus onse Here, die lewende water. Soos Hy ook in Johannes 4:13 vir die Samaritaanse vrou by die put sê: *"...die water wat Ek hom sal gee, sal in hom 'n fontein wees met water wat opborrel en vir hom die ewige lewe gee."*

> *Kom nou, kom proe dit, drink met diep teue, elke dag, en jy sal altyd weer versterk voel, verfris en verkwik, om vir ewig nooit weer dors te kry nie.*

Kontak

Lees Handelinge 3:1-10

Handelinge 3:4,6 – "3 Kyk na ons. 6 ...Staan op en loop."

Hierdie man van ons teks was al van sy geboorte af lam. Dag vir dag het hy by die tempelpoort gesit en bedel. Mense was al gewoond aan hom. So nou en dan het hy so 'n ietsie gekry – en dan stap hulle weer weg. Die lewe gaan aan. Bedelaars was volop te sien. Hulle was die ongelukkiges wat eenkant toe geskuif is.

So is hierdie man ook maar aan sy lot oorgelaat. Totdat Petrus en Johannes sy pad kruis. Mense wat met ander oë na 'n medemens gekyk het. Asof hulle deur die oë van onse Here Jesus Christus na mense kyk.

Daarom sien hulle hom raak.

Ons teks sê hulle het hom stip aangekyk.

Hy het dadelik hulle aandag getrek.

Want hy was 'n mens in nood. Daarom stap hulle nie soos meeste van al die ander maar net by hom verby nie. Hulle sien sy nood raak: sy stoflike nood – lam; sy geestelike nood – sonde.

Hulle kyk hom stip aan en sê vir hom: *"Kyk na ons."*

Daar is kontak.

Hulle sien mekaar raak. 'n Ware ontmoeting vind plaas. Lewensontmoeting. Daarna help hulle hom op die been: *"Staan op en loop."*

En nou kan hy saam met al die ander mense die tempel ingaan met sy diepste nood – sy geestelike nood – na die Here toe gaan.

So kom ons ook vandag in aanraking met baie mense in nood. En die gevaar is dat ons ook al so gewoond geraak het daaraan, en by sulke mense net verbystap met 'n alles-sal-seker-maar-regkom-houding.

Moontlik gee ons ook 'n geldjie aan so 'n mens, en gaan dan maar weer verder. Die lewe moet aangaan.

Wat nodig is, is kontak.

Ware kontak.

Dat ons mekaar werklik sal raaksien.

As't ware deur die oë van Christus na mekaar kyk. Mekaar stip aankyk.

Maar ons ontmoetings met mekaar raak dikwels nóg kant nóg wal. So oppervlakkig kyk ons na mekaar. Kontak. En tog ook nie kontak nie.

Soos in Handelinge 3. Mense stap maar net verby – gooi dalk 'n aalmoes vir die bedelaar neer.

En dit op die tempelterrein. Verlossingsterrein. Hierdie mense is op pad om die tempel in te gaan, en die Here te ontmoet met hulle eie nood – hulle geestelike nood. Maar hulle stap by hierdie arme mens verby sonder om hom werklik raak te sien.

Die ware liefde ontbreek.

Moontlik het hierdie bedelaar na die aalmoes wat voor hom op die grond neergegooi word gegryp, sonder om op te kyk van wie dit kom.

Kontak.

En tog nie kontak nie.

Onse Here Jesus Christus het wel deeglik met ons kontak gemaak hier op aarde.

Vir 33 jaar het Hy onder ons gewoon. Midde in ons ellende. Kontak! En vir ons die verlossing gebring deur met sy lewe vir ons sonde te betaal.

Wat ons nou moet doen is om met ander oë na ons medemens te kyk. Stip kyk. Goed kyk. Deeglik kyk. Hulle nood raaksien. En mense ophelp. Ophelp met die evangelie van onse Here Jesus Christus.

Ons woon in so 'n mooi land tussen so baie verskillende ander mense. Maar sien ons hulle werklik raak? Sien ons hulle nood raak? Sien ons mekaar werklik raak? Is daar by ons kontak met 'n medemens. Of stap ons maar net verby. Verby God en sy Woord. Verby ons medemens.

Ons mag nie!

God het in Christus nie by ons verby gestap nie. Hy het by jou en my lewe kom staan. Ons stip aangekyk. En ons weer uit ons in sonde gevalle toestand opgehelp. Ons sonde vergewe. En die ewige lewe aan ons geskenk. Gratis.

> *Ons hoef niks terug te betaal. Ons kan maar net dankie sê. 'n Dankie diep uit ons hart.*

Hoor of sien?

Lees Handelinge 4:8-20

Handelinge 4:13b – "Die raadslede het hulle ook herken as volgelinge van Jesus."

In vers 4 lees ons dat die getal van die gelowiges vermeerder het van drieduisend na vyfduisend.

Dis baie! Nog tweeduisend kom dus by!

Maar kyk nou weer na vers 4: "*Tog het baie van die mense wat hul prediking gehoor het, gelowig geword.*" Baie van die wat gehoor het, het geglo. Nie 'gesien het' nie. Maar 'gehoor het'.

Deur die prediking is die mense van die vroeg Christelike kerk tot die geloof gebring. Tweeduisend glo op grond van dit wat hulle gehoor het. Vandag wil mense nie meer hoor nie. Hulle wil eerder sien. Hulle wil wonders sien. Tekens sien. Buitengewone dinge sien. Nie maar net hoor nie. Vir hulle is wonders belangriker as die Woord. Vir die Christene van destyds was die Woord belangriker as die wonders.

Dit bring ons voor die vraag te staan: Wat nou van ons? Wat is vir ons die belangrikste? Die wonder? Of die Woord? Natuurlik die Woord! Wat dan van die sien?

Vers 13 sê die raadslede het Petrus en Johannes as "*volgelinge van Jesus*" herken. Wonderlik! Om so deur die mense herken te word as mense wat saam met Jesus gewandel het en Hom gevolg het.

Wonderlik as mense kan sien dat iemand 'n Christen gelowige is. As mense dit sommer net so kan sien.

Vandag kan mense ons natuurlik nie op hierdie wyse herken soos wat hulle vir Petrus en Jakobus herken het nie. Maar in die breër sin. Ons dade. Ons woorde. Ons voorbeeld.

Iemand soos Mahat Gandhi (latere leier van Indië) het gesê: "Was dit nie vir die Christene nie, sou ek vandag 'n Christen kon wees." Hieroor kan mens maar net skaam kry, nie waar nie?

Daarom die belangrike vraag: Gaan daar 'n lewende getuienis van ons na buite toe uit?

Dat ons mense is wat waarlik in Jesus Christus glo, en Hom volg? Sy onbaatsugtige liefde nastreef.

> *Ons moet nie net Christus met ons woorde verkondig, sodat mense kan hoor nie. Ons moet ook Christus se voorbeeld kan navolg, sodat mense Christus in ons kan sien.*

Wat sien mense as hulle na ons lewe kyk

Lees Handelinge 17:16-30

Teks: Handelinge 17:27 – "God is nie ver van ons af nie."

Paulus het die stad Athene gaan verken en 'n bietjie bekyk, terwyl hy vir Silas en Timoteus gewag het. Daar in Athene het hy toe 'n altaar gesien met die opskrif: Aan 'n onbekende God.

Die Atheners was Grieke, en hulle het oral hulle eie afgode gehad.

Veral op die Olympus-berg – die godeberg – waar al die gode onder die hoofgod Zeus gewoon het.

Die Grieke was ook mense van die filosofie. En die Griekse filosofie het juis geleer dat God nie ver van ons af is nie. Tog kon die Grieke met al hulle kennis, wysheid, en geleerdheid God nie vind nie. Hulle soektog het uitgeloop op afgodery, en oral het hulle vir hul verskillende afgode beelde, altare en tempels opgerig. Maar die ware God kon hulle nooit vind nie, en het ook nie sy Naam geken nie.

Hulle het Hom net nooit persoonlik iewers ontmoet nie. Die naaste wat hulle aan God kon kom, was deur middel van. 'n altaar en 'n inskripsie: *Aan 'n onbekende god*. Totdat Paulus op 'n goeie dag op die Areopagus heuwel gaan staan om hierdie onbekende God as die ware lewende God aan hulle te verkondig.

In ons teksvers sê hy God het die mense gemaak om Hom te soek. Dit illustreer 'n diep waarheid: Elke mens – ook die heiden – is op soek na God. Hy kan net nie van God loskom nie. Daar is 'n heimwee, 'n verlange, 'n spanning, 'n soeke na God. Maar ook 'n weerstand, 'n ontkenning, 'n wegskeur weg en los van God. Die mens word deur God aangetrek, maar ook afgestoot.

Dit lei tot 'n spanning, 'n konflik, 'n teëspraak in die mens se hart. Daarom het God die mense gemaak om Hom te soek, al sou hulle ook moes rondtas om Hom te vind.

Rondtas beteken letterlik om in die donker jou pad voel-voel te probeer vind.

Volgens ons teks is daar 'n verband tussen "rondtas" en "vind."

Wie Hom soek sal Hom vind. "Nie dat Hy ver van enigeen van ons af is nie." (NAV).

As ons Hom soek sal ons Hom ook vind. Want Hy kom ons tegemoet en deur die verkondiging van sy Woord laat Hy Hom vind. Soos Hy Hom ook daar in Athene laat vind het toe Paulus die evangelie aan die Atheners verkondig het.

Ons ken Hom as die God en Vader van onse Here Jesus Christus, ons Verlosser. En waar die evangelie verkondig word, verdwyn alles besware dat ons God nie kan vind nie.

Niemand het 'n verskoning dat hy of sy nie van God geweet het nie.

Wat 'n genade-voorreg is dit nie om God se Woord te glo, en Jesus Christus met jou hele hart aan te neem as jou Saligmaker, jou Redder en jou Verlosser. Selfs dit doen jy nie uit eie krag nie, maar deur die krag van die Heilige Gees wat in jou hart woon.

So maklik maak God dit vir die mens om Hom te vind.

God se eiendom

Lees Handelinge 27:20-24

Handelinge 27:23 – "Verlede nag het daar 'n engel aan my verskyn van die God aan wie ek behoort en wat ek dien."

Twee gedagtes lê in ons teksvers opgesluit: Die Eiendomsgedagte en die Diensknéggedagte.

Die eiendomsgedagte: "...aan wie ek behoort."
Die dienskneggedagte: "...wat ek dien."

Die God aan wie ek behoort en wat ek dien So bely Paulus sy God te midde van 'n hewige storm op see. En hy sê hierdie woorde nie maar vanaf 'n veilige beskutte afstand waar daar sonskyn en mooiweer is, en waar daar vaste aarde onder sy voete is nie. Paulus is hier letterlik saam met almal op die skip in dieselfde bootjie. Hulle nood is ook sy nood. Sou hulle op see vergaan, dan gaan hy saam met hulle onder.

Tog bemoedig, vertroos en kalmeer hy die mense aan boord. Hulle sal almal veilig en behoue in Rome aankom. *"Verlede nag het daar 'n engel aan my verskyn van die God aan wie ek behoort en wat ek dien. Die engel het vir my gesê: Moenie bang wees nie, Paulus. Jy moet nog voor die keiser verskyn. En ter wille van jou spaar God in sy goedheid die lewe van almal hier wat saam met jou op die skip is."*

So is Paulus die waarborg vir hulle veiligheid (Calvyn).

Paulus se geloofsbelydenis: *"Die God aan wie ek behoort en wat ek dien"* is dan ook ons geloofsbelydenis in die tye waarin ons lewe. As die donker wolke begin saampak. As die wind begin loei. En die storm rondom ons lewensboot met alle geweld losbars. En die see waarin ons onsself bevind begin kolk en skuim, kook en bruis. Wanneer die groot golwe teen ons lewensboot begin aanspoel, dit hoog optel en dit weer daaronder laag neersmyt.

En die beproewinge onophoudelik na ons aanspoel – een na die ander – soos die woeste golwe van die see. En ons van alle kante deur vrees en angs, onsekerheid en bekommernis, benoudheid, pyn, siekte, ouderdom, aftakeling dood, trane, smart ... omring word. Dan lê ons enigste troos, hoop en kalmte in ons teksvers: *Die God aan wie ek behoort en wat ek dien.*

Paulus se geloofsbelydenis ook ons geloofsbelydenis.

Die onvoorwaardelike vertroue en volkome oorgawe aan die God aan wie ons behoort en wat ons ook dien.

Psalm 73:23,24 leer ons dan ook: *"....U vat my aan die hand. U lei my met U raad, en aan die einde sal U my in ere by U opneem."*

Ter wille van sy Seun Jesus Christus onse Here.

Jesus Christus, wat ons met sy bloed gekoop het,

en aan Wie ons nou behoort, in lewe en in sterwe,

met ons liggaam en met ons siel.

Moed skep

Lees Handelinge 25:1-11 & Handelinge 28:11-15

Handelinge 28:15 – "Die gelowiges daar het van ons gehoor, en party van hulle het ons by die Appiusmark kom ontmoet en party by die Drie Herberge. Toe Paulus hulle sien, het hy God gedank en moed geskep."

Paulus is van Jerusalem op pad na Rome as 'n gevangene. Ten tye van ons teks staan hy as't ware voor die poorte van Jerusalem. En Paulus is ook maar net 'n swakke mens. Hy verkeer op 'n geestelike laagtepunt – sy moed is maar min. Want Rome was 'n harde, genadelose, goddelose wêreldstad. Vir 'n Christen sou daar geen genade in Rome wees nie. Keiser Nero sit daar op die troon – 'n regte wreedaard.

Nero wat sy moeder laat vermoor het, sy halfbroer laat vergiftig het, en sy eie vrou laat verban het, sodat hy met iemand anders kon trou.

Daarom sou daar ook vir Paulus bitter min genade wees, selfs al was hy 'n Romeinse burger. (Paulus is dan ook later in Rome onthoof.)

Paulus was dus moedeloos, eensaam, bang en baie alleen.

Kyk nou net hoe die Here hom versterk. Voordat Paulus Rome bereik, is hy deur twee groepe Christene uit Rome ontmoet. Ons weet nie wie het die gemeente daar gestig nie. Nêrens is daar sprake van enige sendingwerk in Rome nie. Nooit word die naam van 'n prediker genoem nie.

Paulus het in elk geval nie die gemeente daar in Rome gestig nie. Tog was daar 'n gemeente in daardie goddelose stad! Mense wat die Here ken, Hom dien en liefhet.

God is dus ook in Rome!

Ook in Rome het Hy sy kinders. Ook in Rome is sy Woord aan die werk. En toe Paulus hulle sien, het hy God gedank, en moed geskep.

Gesien – gedank – moed geskep: in hierdie volgorde.

Die woordjie "moed" word verbind aan die woord "krag." Iemand wat nie moed het nie, voel ook innerlik swak. So 'n persoon voel nie opgewasse vir dit wat hy/sy moet doen nie. Maar as jy moed het, het jy ook innerlike krag.

Moed is dus iets wat van binne kom: 'n innerlike houding. En dit straal dan kragtig uit buitetoe. So 'n persoon is vol vertroue.

So was hierdie ontmoeting met mede-Christene vir Paulus 'n versterking.

So versterk die Here ook ons geloof deur sy Woord en die twee sakramente. (Die doop en die nagmaal.)

Hy versterk ons ook deur medegelowiges aan ons sy. Gelowiges wat saam met ons die Here Jesus

Christus liefhet. En as iemand eers moed geskep het, kan so 'n persoon weer met nuwe krag verder gaan, vorentoe kyk, en die toekoms aandurf.

Elkeen van ons het moed nodig vir hierdie lewe met sy probleme, gevare, eise en uitdagings.

Ons kan nie lewe sonder die moed wat God aan ons in Christus skenk nie.

Maar ons kan ook nie lewe sonder medegelowiges aan ons sy nie. Dit hoef slegs twee of drie gelowiges te wees wat saam in die Naam van die Here vergader, om saam te bid, en om Hom saam te dien.

Die geldige testament

Lees Hebreërs 9:11-22

Hebreërs 9:17a – "want 'n testament word alleen geldig by die dood van die testamentmaker..."

 esus se dood is geweldig troosryk vir elke verslae hart.

"Want" – so sê ons teks – "'n testament word alleen geldig by die dood van die testamentmaker..." Solank as wat die testamentmaker nog lewe, beteken die testament eintlik nog niks nie. Want dit kan nog steeds enige tyd verander en gewysig word. Die erfgename kan dus nie absoluut seker wees van hul erfporsie nie.

Eers met die dood tree die testament finaal in werking en is dit dan geldig. Dit kan nie meer verander word nie. Dit is so finaal dat selfs die erfgename niks meer daaraan kan doen nie. Die erfenis staan dan vas, en die erfgename kan dit aanvaar, of dit van die hand wys en verwerp.

So het die Here vir ons wat glo in onse Here Jesus Christus 'n testament of verbond van genade gemaak. God is die Testamentmaker, die Testateur, die Erflater. Ons is die begunstigdes, die erfgename, die ontvangers.

Jesus Christus is die Middelaar wat sterwe, en deur Sy dood die testament effektief in werking stel.

God gee Sy Seun om vir ons sonde te sterf, sodat Sy testament in werking kan tree.

Vir Jesus Christus is dit ten kwade.

Sy bloed moet gestort word. Vir ons ten goede; want ons ontvang al God se seëninge.

Jesus se dood is die waarborg van die egtheid van God se testament.

Deur Sy dood word die testament regsgeldig, bindend.

En ons ontvang die ryke beloftes van God: vryspraak, die vergewing van al ons sonde, en die ewige lewe. Dit is alles vas en seker. Dit kan ons nie meer ontneem word nie. Daaroor kan daar nou geen twyfel hoegenaamd bestaan nie.

Al die weldade wat Christus verwerf het behoort nou aan ons. Dit is ons onverdiende erfgoed. Onverdiende genade. Laat ons dan ons erfenis dankbaar en gretig aanvaar en omhels.

Laat ons onsself verdiep in die Ou Testament en die Nuwe Testament – in die rykdom van al God se beloftes – en ons Bybel aandagtig en noukeurig lees met tintelende opgewondenheid.

Seker maak van die volle omvang van ons erflating. Want die beloftes kom ons toe en ons kinders, en almal wat daar ver is. Die testament bly geldig.

Al wankel ons geloof dikwels. Selfs al draai mense hul rug op God se verbondsbeloftes.

> *God bly Vader.*
> *Ons die kinders en erfgename van die koninkryk*
> *van die hemel min en deur Jesus Christus onse*
> *Here.*
> *En niemand, maar niemand, kan dit ooit verander*
> *nie.*

Kaart en transport

Lees Hebreërs 10:32-39

Hebreërs 10:34c – "... omdat julle geweet het dat julle 'n besitting het wat beter en blywend is." (1983 Vert.)

Die lesers van die Hebreërs is aan groot lyding onderwerp nadat hulle gelowig geword het. Die aanslag was veral gemik teen hulle persoonlike vryheid en hulle besittings.

- Hul persoonlike vryheid: hulle is beledig en vervolg en geestelike en liggaamlike skade berokken, en selfs in gevangenskap geplaas.
- Hul besittings: al hul besittings is summier gekonfiskeer.

Gevolglik het hulle ter wille van hul geloof alles verloor, en niks oorgehou nie. Dit onderstreep weereens die vreemdelingskap en bywonerskap van die gelowige op aarde. Ons het hier werklik niks wat werklik ons eie is nie. Niks wat ons werklik kan besit nie. Op die ou einde móét ons alles prysgee – selfs ons lewe. Ons het niks. Ons besit niks. Eintlik is ons brandarm. Brandarm as gevolg van die sonde.

Ons woon nog aan die duskant van die Jordaan.

Ons is nog op pad deur die woestyn.

Ons vaste besit lê aan die oorkant – in die beloofde land – 'n Herehuis en 'n eie landgoed. Omdat ons in Christus ryk is. Hy het die prys klaar betaal. Ons het die kaart en transport ('n bewys van eiendom) daarvan in ons hart gebêre. Met die handtekening van onse Here Jesus Christus daarop. Daarom sê ons teks: Ons het! Ons besit! 'n Blywende besitting. Iets baie kosbaar. Nie alleen is dit beter as enige iets wat ons hier besit nie.

Dit is selfs nóg beter! Dit is vas, dit is blywend, dit is permanent! Dit is ewig en onvervreembaar. Hierdie belofte hou mens staande te midde van al jou verliese hier oop aarde.

Die bekende Skrifuitlêer Spurgeon sê ons mag ons sakgeld verloor hier in die vreemde – dit is nie werklik so 'n groot skade nie. Want ons skat is veilig. Dit kan ons nooit verloor nie. Christus hou dit vir ons veilig in bewaring. En as ons eenmaal weer tuiskom, kan ons dit net betrek en gebruik. Dit is ons afgemete erfdeel in die land van belofte.

Dit is ons troos terwyl ons op pad is. Ons is nie brandarm soos dit op die oog af lyk nie. Ons is skatryk. Ons het 'n permanente besitting in die hemel. Beter as enige iets wat ons ooit hier op aarde gehad het.

Blywend, want niemand – selfs nie eens die Satan – kan dit weer van ons afneem, konfiskeer, of ons onteien nie.

> *God bly Vader.*
> *Ons die kinders en erfgename van die koninkryk*
> *van die hemel deur Jesus Christus onse Here.*

Waarom ons nie het nie

Lees Jak. 4:1-10

Jak. 4:2 – "Julle kry nie, omdat julle nie bid nie."

In Matt. 7:7 lees ons hierdie merkwaardige woorde: *"Vra, en vir julle sal gegee word..."*

Vergelyk dit met die woorde van ons teks: *"Julle kry nie, omdat julle nie bid nie."*

Matt. 7:7 stel vir ons die positiewe kant van die gebed: *"Vra, en vir julle sal gegee word."*

Jak. 4:2 die negatiewe kant: *"Julle kry nie, omdat julle nie bid nie."*

Jakobus 4:2 het die antwoord op ons probleme met Matt. 7:7. Baie gelowiges het nie 'n goeie ervaring met gebed nie. Baie sê dit werk eenvoudig net nie. Daarom vermy hulle gebed. Gebed het vir hulle 'n eensame, frustrerende en teleurstellende ervaring geword. Soveel so dat mense hulle vertroue in gebed totaal verloor het.

Hulle glo gebed maak nie regtig 'n verskil in die lewe nie. Daarom is gebed ook nie meer 'n prioriteit in hul lewe nie. En baie het doodeenvoudig net opgehou om te bid. Ons teks het dan die antwoord op die armoede, moedeloosheid, frustrasie en kragteloosheid van die gemiddelde Christen.

"Julle kry nie, omdat julle nie bid nie." Die nalaat van die gebed is die oorsaak van ons probleme. *"Julle kry nie, omdat julle nie bid nie."*

- Waarom groei ek nie in my geloof nie?
- Waarom straal ek nie van blydskap oor my geloof nie?
- Waarom het ek so min in die lewe ontvang?
- Waarom maak die kerk so weinig vordering in die wêreld van vandag?

Ons teks gee die antwoord op al hierdie vrae: *"Julle kry nie, omdat julle nie bid nie."*

Kyk ons na die kerk in die tyd van die Bybel, kry ons 'n totaal ander prentjie as in ons kerke vandag. Die kerk in die Bybelse tyd was 'n biddende kerk. In Handelinge 2:42 lees ons dit van die heel eerste kerk: *"Hulle het hulle heelhartig toegelê op die leer van die apostels en die onderlinge verbondenheid, die gemeenskaplike maaltyd en die gebede."* Dit was nie halfhartige, rympie-agtige, oppervlakkige, formalistiese gebede nie, maar heelhartige gebede. Dit beteken: Hulle het met hulle hele hart gebid.

Blaai maar na Handelinge 6:4 – weer dieselfde: *"Ons sal dan al ons aandag aan gebed en die bediening van die woord bly gee."*

Dit is waarom die kerk destyds sulke skouspelagtige vordering gemaak het in baie moeilike tye – die kerk was 'n biddende kerk. Die bedienaars van die Woord was biddende bedienaars van die Woord.

Die moderne kerk het in baie opsigte afgewyk van hierdie pad van gebed. Baie kerkmense glo nie eers meer teoreties in gebed nie, dit is: hulle glo nie eers dat gebed wel die moontlikheid het om die wêreld te verander nie. Daarom bid hulle nie. Die gevolg? *"Julle kry nie, omdat julle nie bid nie."*

Ons besef nie watter magtige instrument die Here in ons hande geplaas het in die vorm van die gebed nie.

Want wat is gebed? Gebed is nie 'n ritueel nie. Dit is nie 'n plig nie. Dit is nie maar net iets wat jy moet doen nie.

Gebed is kommunikasie! Kommunikasie met God, wat God se hart aanraak!

Gebed bring jou in die teenwoordigheid van die Almagtige God. Daarom is dit ook een van die opwindendste aspekte van ons geloof. Ons leef in 'n tyd waarin die mens meer en meer op homself vertrou.

Die mens met sy moderne tegnologie, wetenskap en wonderlike uitvindings. Ons verwag ook vandag vinnige, maklike en onmiddellike oplossings vir ons probleme.

Gebed bring dikwels nie hierdie kits antwoorde en kitsoplossings nie. God hoor as ons bid. En dit is net 'n kwessie van tyd voordat Hy antwoord. Hoe lank, weet ons nie. Christus het ons egter geleer om nooit op te gee om te bid nie. In Lukas 18:1 sê onse Here Jesus Christus dat 'n mens altyd moet aanhou bid... Sonder om moedeloos te word.

Hoe ontmoet ek God?

Lees Jakobus 2:14-26

Jakobus 4:8 – "Nader tot God en Hy sal tot julle nader."

D ie hoofsaak van 'n mens se lewe hier op aarde is om God te ontmoet, Hom te ken, naby Hom te wees en naby aan Hom te lewe. Die vraag is: maar hóé ontmoet ek God? Ons teks gee die antwoord. Nader tot God – dit is 'n imperatief, 'n opdrag, 'n bevel. 'n Bevelsvorm waarin daar dinamiek, aksie en beweging is. Geloof is nie agteroorsit, niksdoen, en wag dat iets moet gebeur nie. Geloof beteken om aktief te wees, op te staan, en iets te doen. Ons teks sê: *Nader tot God!*

Die tweede deel van ons teks bevat 'n belofte, want dit is in die toekomende tyd geskryf: *"En Hy sal tot julle nader."* Dit is soos die twee kante van 'n muntstuk. 'n Bevel en 'n belofte. En die resultaat? 'n Ontmoeting met God! Want as twee partye na mekaar naderkom, ontmoet hulle mekaar. Hoe dan anders?

Daar is dus 'n oop pad tussen ons en God. Christus het vir ons die struikelblokke (sonde) weggerol, vir ons die pad oopgemaak, en 'n ware ontmoeting met God moontlik gemaak. En so kan ons by God uitkom. En Hy by ons. Die vraag is nou egter dit: Hoe doen jy dit? Hóé kom jy nader?

Die antwoord lê in Jakobus 4:7 *"Onderwerp julle dan aan God. Staan die duiwel teë."*

Onderwerp beteken: gehoorsaam wees aan God. Staan die duiwel teë beteken: ongehoorsaam wees aan die duiwel. Ons het hier dus te doen met die bekering, die versaking van jou eie wil, die aflê van die ou mens. As jy dit nie doen nie, sal jy God nie vind nie.

Want daar is net een alternatief:

Ongehoorsaam wees aan God.

Gehoorsaam wees aan die duiwel.

Die weiering om jou aan God te onderwerp, lei nie tot 'n ontmoeting met God nie. Jy kom nie nader na Hom toe nie, en Hy sal nie naderkom na jou toe nie. Want daar is dan afstand, verwydering en vervreemding tussen jou en God.

Want dit is óf jou wil, óf God se wil in jou lewe.

Christus het die pad na God toe vir jou oopgemaak. En as jy nie na Hom toe naderkom nie, sal net jy alleen die skuld daarvoor moet dra. Maar as jy na Hom toe kom, soos die verlore seun na sy vader toe gegaan het, sal Hy jou van ver af verwelkom, na jou toe hardloop, en sy arms om jou slaan.

So nader ons tot God: as ons sy Woord lees, en dit doen, en dankbaar voor Hom lewe, ons lewe lank. Dan gebeur dit. Die ontmoeting met die Here. Dan kom daar vrede in jou hart. dan begryp jy die ware bedoeling van Psalm 73:12 "Want dis my goed, my saalgelot, as ek naby is by my God, ek het my hoop op God gestel om al sy werke te vertel."

Deur God oorweldig

Lees Jeremia 20:1-13

Jeremia 20:7 – "U was te sterk vir my, U het gewen."

Om 'n gelowige te wees, is nie maklik nie.

Gelowig wees bring pyn, stryd, probleme, weerstand in jou hart. Soos met Jeremia. God het hom geroep om profeet te wees. Maar hy kry die wind van voor. Hy staan alleen. En hy word gegesel, gemartel, mishandel, bespot en in die tronk gesmyt.

In ons teks sien ons hom in sy sware sielestryd. 'n Ontroerende gedeelte waar Jeremia ons tot in die diepste skuilhoeke van sy hart laat kyk. Hoe hy met die Here worstel, stry, en twis: *"Waarom is ek gebore om net ellende en pyn te beleef en my lewe lank verneder te word?"* (Jeremia 20:18). 'n Gevoelige mens wat hom teen die ondraaglike las van sy profeetskap verset.

Hy is bewoë, opstandig en vervloek selfs sy geboortedag. Om na sy opstandigheid uiteindelik te bely: *"U was te sterk vir my, U het gewen."* Die 2020 vertaling lees: "U het my oorweldig. U het die oorhand gekry."

Die Hebreeuse woord "oorweldig" herinner aan 'n jong vrou wat teen haar wil met geweld oorrompel word.

Ons het hier te doen met Goddelike geweld. God het Jeremia gegryp met sy almagtige hand, en sy weerstand oorweldig. So oorweldig Hy ook ons ongeloof, ons kleingeloof, ons twyfel, ons weerstand en ons opstand. Ons kan ons net nie teen Hom teensit en ons verset nie. Ons word net eenvoudig oorrompel, oorweldig en oorwin.

Sterker as al ons ongeloof, ons sonde, sterker as die duiwel, die dood en die magte van die hel. Op Golgota was sy oorwinning volkome. U was te sterk vir my. God oorwin ons egter nie met 'n vuishou, met 'n stok, met 'n sweep of met 'n swaard nie. Maar met Sy liefde, Sy genade, Sy goedheid, en Sy barmhartigheid.

Daarteen kan ek en jy nie weerstand bied nie. U is net te sterk vir my. En ek gee die stryd gewonne. Ek gee my oor aan U vaderhand, U liefde, U genade in Jesus Christus.

> *Wat is dit heerlik om op so 'n manier deur God oorweldig te word, en na God toe gebring te word as sy kind in Jesus Christus - as sy gelowige. Om dan met dankbaarheid te bely: Goddank. U was te sterk vir my, U het gewen. U het my met U liefde en genade oorwin.*

Speel God met ons wegkruipertjie?

Lees Jeremia 29:10-14

Jeremia 29:13 – *"En julle sal My soek en My vind as julle na My vra met julle hele hart."* (1953 Vertaling) *"Julle sal My soek en vind as julle My met julle hele hart raadpleeg."*(2020 Vertaling)

So baie mense kla: hulle soek die Here, maar hulle kan Hom nêrens vind nie. Dit laat die vraag ontstaan: Speel God dan met ons wegkruipertjie? Die Bybel sê presies die teenoorgestelde: *"En as julle My soek, sal julle My vind."*

Nee, God speel nie met ons wegkruipertjie nie. Want Hy is die God wat Homself openbaar, bekendstel, en duidelik in ons eie taal met ons praat. Soos in Jesaja 40:9 waar ons lees: *"Kyk, hier is julle God."* Om God te soek is uiters belangrik. En om God te vind is onuitspreeklik heerlik. Want die soek moet kan oorgaan in die vind.

Dit beteken: as jy met 'n halwe hart na Hom vra, of Hom soek, gaan jy Hom nie vind nie. Dan speel jy eintlik wegkruipertjie met God omdat jy dan vir Hom wegkruip.

Maar God loop verseker nie draaie om ons heen nie. Hy laat Hom neerlê in 'n krip in Betlehem. En Hy lei mense soontoe om Hom daar te vind. Gedurende sy lewe op aarde beweeg Hy aanmekaar tussen gewone mense. Hy hang voor die oë van die hele wêreld aan die kruis op Golgota. En daar is baie mense wat soontoe stroom om na Hom te gaan kyk. Na sy opstanding uit die dood verskyn Hy aan baie mense.

Nee, God is eintlik maklik om te vind. Maar dit is 'n groot en ernstige en baie belangrike saak om Hom met jou hele hart of heelhartig te soek. Want as 'n mens God nie gesoek en gevind het hier op aarde nie, omdat jou hele hart nie betrokke was nie, maar eerder besig om ander dinge te soek, het jy die ware lewe misgeloop. Vir altyd.

As jy God egter gevind het, het jy die lewe gevind. Vir ewig! Daarom is dit so uiters dringend noodsaaklik volgens Jesaja 55:6 (2020 Vert.): *dat jy na die Here vra, terwyl Hy Hom laat vind, en Hom aanroep terwyl Hy naby is.*
Doen dit sommer NOU!

> *Ons mag nie maar uitstel na môre toe nie. Eendag*
> *... as ek oud is ... weer tyd het ... nie so besig is nie*
> *... dit rustiger het ... dan sal ek Hom soek.*
> *Nou is nie die regte tyd nie.*
> *Ek sal dit môre doen.*

Belangrik vir God

Lees Jesaja 40:12-18

Jesaja 40:15 – "Die nasies is vir Hom soos 'n druppel aan 'n emmer, soos 'n stoffie op 'n skaal. As Hy die eilande op 'n skaal sit, is hulle soos stofdeeltjies."

En of ander tyd twyfel meeste van ons aan ons eie waarde. Is ek van enige betekenis hier op aarde?

Ons maak 'n balans van ons lewe op en ontdek: ek is maar net 'n doodgewone alledaagse mens. My vriende het dit baie verder in die lewe gebring as ek. Hulle het die boonste leer van sukses bereik. Hulle foto's is dalk selfs in die koerante.

Ek kan jou probeer troos en sê jy is van groot waarde vir die mense na-aan jou: jou man, vrou, kinders, vriende en familie. Maar dit is nie regtig die punt nie. Want dan kyk ons deur die oë van ander mense na jou.

Die belangrikste vraag is: Hoe sien die Here jou? Hoe lyk jy in sy oë? Want die Here kyk heeltemal anders as 'n mens. Dit leer ons teks ons.

Ons teks sê: *"Die nasies is vir Hom soos 'n druppel aan die emmer, soos 'n stoffie aan die skaal. As Hy die eilande op 'n skaal sit, is hulle soos stofdeeltjies."*

Al die groot figure op aarde: leiers, konings, presidente, generaals, rykes, bekwames, suksesvolles - hulle is almal vir Hom soos 'n stoffie aan die skaal, soos 'n druppel aan die emmer.

Mens voel nie eers die gewig van 'n druppel as jy 'n emmer water dra nie.

'n Stoffie aan die skaal gaan glad nie die weegskaal se weegproses beïnvloed nie.

God dink anders as die mens. Hy dink nie in terme van mag en krag, prestasies en posisies nie. Vir Hom is dit onbelangrik.

God dink in terme van liefde. Want Hy is 'n God van liefde. As Hy in terme van krag en mag en posisie gedink het, was ek en jy as doodgewone mense glad nie vir Hom belangrik nie. Maar omdat Hy in terme van liefde aan ons dink, is ek en jy vir Hom baie belangrik. So belangrik dat Hy sy Seun Jesus Christus aan die kruis vir ons gegee het.

Net omdat Hy ons liefhet, en in terme van liefde aan ons dink. Hy het dit nie gedoen omdat sekere mense vir Hom magtig, ryk, hoog van aansien en vernaam in die lewe is nie.

Hy het dit juis gedoen vir gewone, klein, sondige mense wat 'n behoefte het aan sy liefde, genade en vergiffenis in Jesus Christus.

Daarom weereens die vraag: is jy belangrik hier op aarde? Dit hang af deur wie se oë jy na jouself kyk.

As jy deur die oë van ander mense na jouself kyk, kan die antwoord baie maklik wees: nee!

As jy deur die oë van die Bybel - deur die oë van God - na jouself kyk, is die antwoord onteenseglik: Ja! ja, jy is belangrik vir God.

Die gebeure op Golgota bevestig dit. Jy is so belangrik vir Hom dat Hy sy enigste Seun gegee het as Offer vir jou - omdat Hy jou waarlik liefhet.

Herhaling

Lees Jesaja 41:1-13

Jesaja 41:10 – *"Moenie bang wees nie, Ek is by jou, moenie bekommerd wees nie, Ek is jou God. Ek versterk jou, Ek help jou, Ek hou jou vas, met my eie hand red Ek jou."*

Gewoonlik hou ons eintlik nie van herhalings nie.

Dieselfde dinge wat oor en oor gesê word. Want dit kan so maklik in sieldodende clichés verval, sodat dit afgesaag begin klink. Sodat jy al by voorbaat weet wat na die eerste sinsnede gaan kom, en wat die tweede een gaan wees, en by die derde een is jy al so verveeld dat jy nie eintlik meer verder luister nie. Jy wil nou weer iets nuut, iets anders hoor.

Maar in die Bybel is dit anders.

Belangrike woorde of sinsnedes word nie onderstreep, met vet, dik letters geskryf, of skuins geskryf om jou aandag te trek nie.

Dit word eenvoudig net herhaal.

So as mens in jou Bybel herhalings sien, weet jy dit is iets baie belangrik wat daar geskryf staan. Jy moet dus mooi kyk as jy herhalings sien. Dit is baie belangrik.

Soos hier in ons teks.

Eintlik kan ons nie hier praat van herhalings nie. Ons het hier drie heerlike beloftes in feitlik één asem:

Versterk. Help. Vashou.

Ek versterk jou.

Ek help jou.

Ek hou jou vas.

God begin eers om sy gelowiges te versterk.

Versterk beteken Hy help ons sodat ons onsself kan help, om verantwoordelikheid te kan aanvaar vir ons doen en late. Ons lê nie soos 'n half-bewustelose, uitgeputte drenkeling in God se arms nie. As Hy deur sy Heilige Gees in ons gewerk het, is ons sterk om te doen wat God wil hê ons moet doen. Hy begin dus deur ons eers te versterk.

Dan help Hy ons. Want dit wat jy moet doen kan jy nie in eie krag, op eie houtjie en op eie stoom doen nie. Ons het almal sy hulp nodig – nie net kinders nie. Daarom vat God ons hand, en help ons in Jesus Christus om te doen wat ons moet doen. Die gevoel wat by 'n mens opkom nadat jy gehelp is, is altyd 'n positiewe gevoel, 'n gevoel van verligting, 'n gevoel van blydskap, 'n gevoel van dankbaarheid.

En dan sê God hou Hy ons vas! As God sê dat Hy ons help, staan Hy langs ons. As Hy sê Hy hou ons vas, slaan Hy sy arms om ons om ons te ondersteun.

Dit doen Hy in Jesus Christus deur sy Woord en Gees. En dan gaan ons van krag tot krag. Dan is ons werklik tot ALLES maar ALLES in staat deur Jesus Christus wat ons die krag gee. (Filippense 4:13)

God se manier van doen

Lees Johannes 6:16-27

1 Johannes 6:22-25 – "22 Die mense wat oorkant die see was, het gesien dat daar net een skuitjie is en geweet dat Jesus nie saam met sy dissipels in die skuit geklim het nie, maar dat hulle alleen weggevaar het. Die volgende dag 23 kom daar toe ander skuitjies van Tiberias af aan naby die plek waar die mense die brood geëet het nadat die Here daarvoor gedank het. 24 Toe die mense sien dat Jesus nie daar is nie en sy dissipels ook nie, het hulle in die skuitjies geklim en na Kapernaum toe gevaar op soek na Jesus. 25 En toe hulle Hom oorkant die see kry, vra hulle vir Hom: "Rabbi, wanneer het u hierheen gekom?"

In ons teks het ons 'n vraag van verbasing: *"Rabbi, wanneer het U hierheen gekom?"* Vir die mense was dit 'n onoplosbare raaisel. Hulle het Jesus die vorige dag by die see van Galilea gesien wondertekens doen. Hulle het ook gesien hoe die dissipels later in 'n skuit geklim het, en na Kapernaum toe weggevaar het. Jesus was egter nie by hulle in die boot nie. Hulle het toe ook in hul eie skuitjies geklim en Kapernaum toe gevaar op soek na Jesus.

Skielik staan hulle hier aan die oorkant voor Jesus. Hulle verstaan dit nie. Wanneer het Hy gekom?

Hulle vra nie: Hóé het Hy daar gekom nie. Maar: Wanneer?

Nie per skip nie. Daarvan is hulle oortuig. Hy het tog nie saam met sy dissipels weggevaar nie.

Ook nie te voet nie, want die tyd was veels te kort om te voet al langs die strand na Kapernaum toe te loop. Maar hóé dan? Hulle verstaan dit nie. Jesus beantwoord egter nie hulle vraag nie.

Wie sou ooit kon vermoed dat Hy op die golwe geloop het, tot by sy dissipels se bootjie, en daar by hulle in hul bootjie geklim het. Hy het hulle nie alleen gelaat in die storm nie. Hy het in die storm na hulle toe gegaan en gesorg dat hulle veilig aan wal kom.

So verwonder ons ook oor die weë van die Here.

Onnaspeurlik.

Onbegryplik.

Ons met ons nugter verstand kan net die logiese dinge raaksien en verklaar – die gebaande weë – die geordende paaie. Vir ons verstand kon dit net per skip of net te voet al langs die strand verder, gebeur het.

Maar op die golwe loop?

Daaraan het hulle nie gedink nie. Onmoontlik.

So werk God. Sy gedagtes is nie ons gedagtes nie. Sy gedagtes is oneindig hoër as ons s'n. Sy weë is nie ons weë nie. Dis altyd anders. Sy manier van doen is nie ons manier van doen nie. Hy skuif die gewone eenvoudig opsy!

As Hy wil.

Ook in ons lewe

So kom Hy na ons toe. Uit die hemel – oor die groot wêreldsee van sonde heen – tot by ons hier op aarde.

Ons kan nie oorgaan na Hom toe nie.

Daarom kom Hy na ons toe. In sy Seun Jesus Christus. In die gestalte van 'n Dienskneg. Om hier by ons te kom woon.

En in Christus om ons van ons sondes te verlos. Dit is hoe God werk. Ons verstaan dit glad nie. Maar so het Hy vir ons 'n weg gebaan. 'n Onmoontlike pad. 'n Pad deur die dood en deur die graf tot in die hemel.

So kom Hy vandag na ons toe deur sy Heilige Gees, om in ons harte te kom woon.

Die Heilige Gees woon vandag in sondaarharte? Wie kan dit ooit verstaan, verduidelik en verklaar? Niemand nie. Dit is 'n wonderwerk.

God is nie afhanklik van die gebaande weë nie. Hy kom soos Hy wil. Wanneer Hy wil. Waar Hy wil.

> *Ons kan nie met ons verstand daarby uitkom nie. Net maar die diepe dankbare verwondering: Rabbi, dankie dat U in u genade ook só na ons toe gekom het. Hoe wonderbaarlik is U weg met ons!*

Nooit verwerp nie

Lees Johannes 6:24-40

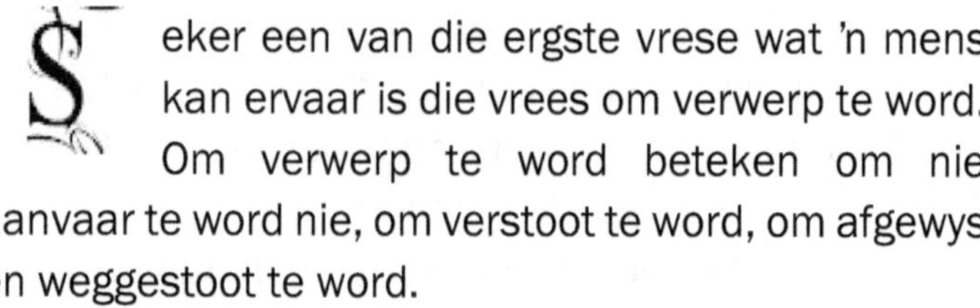

Johannes 6:37 – "Elkeen wat die Vader vir My gee, sal na My toe kom; en Ek sal hom wat na My toe kom, nooit verwerp nie."

Seker een van die ergste vrese wat 'n mens kan ervaar is die vrees om verwerp te word. Om verwerp te word beteken om nie aanvaar te word nie, om verstoot te word, om afgewys en weggestoot te word.

Verwerp beteken: uitgegooi buitetoe, in die straat, in die donker, in die koue. Daarom is die vrees om verwerp te word, 'n basiese vrees by elke mens. Niks doen méér skade as verwerping nie. Niks maak seerder as verwerping nie. Niks wek groter vrees as die vrees vir verwerping nie. Dit werk ook deur na ons verhouding met die Here. Die vraag by baie gelowiges is:

Kan ek na God toe gaan? Is ek welkom by Hom? Sal Hy my nie wegwys nie? Sal Hy nie sy rug op my draai nie? Sal Hy my nie uiteindelik maar tog verwerp nie? Ek is dan so 'n sondige mens!

Kyk wat sê onse Here Jesus Christus op al hierdie vrae van ons: *"Ek sal hom wat na My toe kom, nooit verwerp nie!"*

In ons Afrikaanse teks het ons nie maar net die woord "nie" nie, maar 'n baie sterker woord: Nooit.

In die Griekse teks is dit baie duidelik - ons het daar wat genoem word: die dubbele negatief. Dit beteken dat hierdie versekering baie sterk gestel word. Nooit! Nooit! En daar het ons die antwoord. In Christus sal die Here ons nie verwerp nie. Nooit! Nooit!

Maar wat gebeur nou as ons na die Here toe gaan? Ons is hier by die hart van die uitverkiesing. As jy na die Here toe gaan, is dit vir jou die versekering dat jy ook uitverkies is. Want aan die begin van ons teks staan daar: "Elkeen wat die Vader vir My gee, sal na My toe kom."

Ons het hier die Goddelike kant en die menslike kant van ons redding.

Die Goddelike kant: Die Vader wat gee.

Die menslike kant: Die mens wat na Christus toe kom.

Niemand kan verlos word as hy nie na Christus toe kom nie. En niemand kan na Christus toe kom as God hom of haar nie aan Christus gegee het nie.

Dit wil sê as die Vader ons nie aan Christus gegee het nie, sal ons ook nie uit ons eie na Hom toe kom nie. En as ons na Hom toe gaan, is dit omdat die Vader ons aan Hom gegee het.

Dit is die leer van die uitverkiesing.

Dit is ons sekerheid.

En asof dit nie genoeg is nie, belowe onse Here Jesus Christus ons ook nog: "... *en Ek sal hom wat na My toe kom, nooit verwerp nie.*"

Wat wil jy nou meer hê? Ons is altyd welkom by die Here. Hy ontvang ons met oop arms. Daar is niks

wat in ons pad staan nie. Geen sonde meer wat
tussen ons en God staan nie.
Christus het vir ons die sonde weggeneem.
Ons moet net gaan.

*Almal wat honger het. Almal wat dors is. en almal
wat uitgeput en oorlaai is. Hy gee die ware rus
(Matteus 11:28-29). Gaan na Hom toe met al jou
probleme, al jou kwellinge en sorge, al jou sonde, al
jou nood en al jou leed. Gaan ontmoet Hom in sy
Woord en luister na alles wat Hy vir jou wil sê.
Praat met Hom in die gebed en vertel Hom alles
wat in jou hart is. Kyk of Hy jou verwerp? Nee,
Hy sal jou nooit verwerp nie. Nooit! Nooit!
Inteendeel: Hy gee jou die ware rus by Hom.*

Sonder My kan julle niks doen nie

Lees Johannes 15:1-8

Johannes 15:5 – "Ek is die wingerdstok, julle die lote. Wie in My bly en Ek in hom, dra baie vrugte, want sonder My kan julle niks doen nie."

Tydens 'n roeiwedstryd is die stuurman 'n baie belangrike figuur. Hy sit gewoonlik by die punt van die boot met 'n megafoon in die hand, en spoor die roeiers aan om net hulle allerbeste uit te haal. Die roeiers moet hom gedurig dophou en na hom luister. Die roeiers sit met hulle rug na die wenstreep, en hulle kan dit dus nie sien nie. Net die stuurman kan die wenstreep sien. Hy besluit wanneer hulle met die laaste kragtige eindpoging moet begin. Sonder hom sou daar wanorde heers.

So is Christus ons Leidsman en Voleinder in die geloof. Daarom moet ons ons oë net op Hom gevestig hou. Ons kan nie daaroor redeneer of teologiseer of ons daarvoor kans sien, of beterweterig besluit hoe en wanneer ons dit wil doen nie. Ons moet net gehoorsaam, anders is daar chaos in ons lewe. As ons op eie krag en eie insig staatmaak, kom daar niks van ons geloofslewe nie. Daarom moet ons in die eerste plek leer om altyd na Hom te luister.

'n Gelowige is iemand wat luister. In ons teks sê Hy vir ons: *"... sonder My kan julle niks doen nie."* *Niks!*

Tussen Christus en sy gelowiges bestaan daar 'n baie innige en intieme vertrouensverhouding. 'n Christendom sonder Christus is soos brood sonder suurdeeg, soos kos sonder sout, soos die donker sonder lig. Dit het geen smaak of uitsig nie. Die kern, die middelpunt, die pit ontbreek. Daar mag baie aksies, vergaderings, byeenkomste en gepraat wees, maar dit het alles sonder Christus geen krag nie. 'n Gelowige, 'n kerk, 'n Christendom kan sonder Christus net mooi niks uitrig nie.

Die teendeel is egter baie waar: met Christus – alles!

Soos ons ook in Filippense 4:13 lees: *"Ek is tot alles in staat deur Hom wat my krag gee."*

'n Loot sonder die wingerdstok dra geen vrug nie. Maar 'n loot wat aan die wynstok vas is, lewer baie vrug op. Sap, krag en lewe kom van die wynstok af.

> *'n Gelowige lewe altyd in absolute, diepe, afhanklikheid van die Here. Omdat hy weet: Sonder Christus kan hy niks doen nie. Maar in Christus – alles!*

Die reikwydte van die gebed

Lees Johannes 17 (Jesus se gebed vir sy dissipels)

Johannes 17:20 – "Dit is nie net vir hulle wat Ek bid nie, maar ook vir almal wat in die toekoms hulle boodskap sal hoor en in My sal glo." (Parafrase: Lewende Bybel)

In Johannes 17 het ons 'n gebed met verskillende dimensies. In die volgende vers na ons teksvers (vers 21) het ons die ekumeniese dimensie – 'n gebed vir al die gelowiges in die hele wêreld. In ons teksvers, 'n toekoms dimensie. 'n Gebed is al die gelowiges te alle tye.

Johannes 17 is eintlik 'n gebed in waaiervorm, want dit sprei uit tot aan die einde van die hele wêreld. Toe Jesus hierdie gebed gebid het, was daar eintlik nog maar min gelowiges op aarde. En van hierdie min gelowiges het net 'n klein deeltjie die evangelie by die apostels gehoor.

Hy kyk ook die toekoms in, en Hy sien hulle wat in die toekoms tot die geloof sal kom *"deur die prediking van wat 'n mens hoor."* (Romeine 10:17)

Dit sluit dus alle gelowiges van alle tye in. Daarom raak hierdie gebed van Jesus ook ons lewe vandag ten nouste. Ons is ook by sy gebed ingesluit.

Ons glo ook op grond van dit wat ons gehoor het. Daarom is ons name ook hier onsigbaar opgeneem in

God se Woord. (Met ander woorde ons name is nie letterlik leesbaar daar opgeskryf nie – maar wel geestelik.) Ook ons word dus in hierdie gebed deur Jesus aan God se troon opgedra.

Jesus bid hier vir alle nuwe gelowiges van die toekoms – en Hy bid dat die Vader hulle ook in sy bewarende hand sal opvang. Dat die Vader hulle ook sal vashou. Hy bid dus ook vir ons wat vandag in die 21ste eeu lewe. In 'n stormagtige, onsekere, onstuimige, wêreld. 'n Wêreld vol bekommernis en swaarkry.

Calvyn sê dan ook hierdie gebed is die veilige hawe waarin ons kan vlug, en waar ons veilig is teen die gevaar van skipbreuk. Waarom?

Kyk, ons eie gebede is dikwels so selfgesentreerd een selfsugtig. Daarom bid ons dikwels so verkeerd en sondig. Maar Christus se gebed is volmaak – sonder sonde. Daarom het ons in Johannes 17 te doen met 'n verhoorde gebed! 'n Gebed wat reeds 2000 jaar gelede verhoor is.

'n Gebed wat jou en my ook insluit. 'n Gebed waarin ons veilig is. Soos 'n skip in 'n veilige hawe as dit stormweer op see is.

Vandag verkeer ons in stormweer hier op aarde –
nie waar nie? Maar Christus het ook vir ons van
vandag gebid. daarom is Hy ons troos – ons
enigste troos – in die stormweer van hierdie lewe.
Hy bid steeds vir ons vandag!

Dit is volbring

Lees Johannes 19:30-37

Johannes 19:30 – "Dit is volbring!"

Jesus se laaste woorde aan die kruis! Iemand het eenmaal gesê:

- die heerlikste woorde van die Seun.
- die aangenaamste woorde vir die Vader.
- die verskriklikste woorde vir die satan.
- die saligste woorde vir die sondaar.

In die Grieks net één woord: *Tetelestai.*

Dit beteken: die einddoel is bereik. Dit is alles klaar afgehandel. Sy taak hier op aarde is nou afgehandel. Hy het alles gedoen wat die Vader van Hom verwag het, en die gevolge daarvan sal nooit ophou nie.

Jesus hang aan die kruis op dieselfde oomblik as wat die lammers in die tempel geslag is. Daarom is Hy die Lam van God wat vir ons sonde geslag is. (Vers 229) Die offer is gebring. Die lam is geslag. Die verlossing is voltooi.

Die ongelowige mense sê: Dit het misluk. Jesus sterf hier as 'n ontnugterde Mens aan die kruis. Daar het net mooi niks van sy prediking en verwagtinge gekom nie. Alles eindig nou by die kruis.

Uit die Griekse teks kry ons egter 'n totaal ander prentjie. En dit is dat die verlossing van nou af

vasstaan. Dit is afgehandel. Afgerond. Dit is voltooi.
Dit is klaar. Vir eens en vir altyd!

Vir ons is dit 'n heerlike boodskap. Heerlike woorde!
Die pad na die saligheid is nou vir ons oop! Hierdie
pad loop deur onse Here Jesus Christus. Ons hoef
nooit weer oor ons saligheid te twyfel, te wanhoop, of
daaroor bekommerd te wees nie.

*Niemand en niks kan ons van hierdie oomblik toe
Jesus hierdie woorde gesê het, meer uit God se hand
ruk nie. Die duiwel kan dit nie ongedaan maak nie,
want kyk, dit is Jesus Self wat dit sê: "Dit is
volbring. Voltooi. Afgehandel."*
*Die lint is gebreek. Die wenstreep is oorgesteek. En
ons is in Christus nou reeds méér as oorwinnaars.*
(Romeine 8:37)

Die ongelowige Thomas

Lees Johannes 20:24-31

Johannes 20:28 – "En Thomas sê vir Hom: "My Here en my God!"

Ons praat so maklik van die arme Job, die verlore seun, en die ongelowige Thomas. Is dit korrek?

Is Job nie juis ryk as hy op die ashoop sit en uitjubel: *"Ek weet dat my Verlosser leef!"* (Job 19:25)

En is die verlore seun nie later wél gevind nie? Sy broer wat altyd by die huis was, was eerder die verlore seun.

En was Thomas regtig 'n ongelowige mens? Ek dink nie so nie. Daar is al gesê dat toe die ander 10 dissipels vir hom kom vertel het dat hulle die Here gesien het, Thomas meer op sy twee eie oë as op die twintig oë van sy mededissipels, en meer op sy tien vingers as op sy 10 vriende wou vertrou

Maar is dit regtig so dat hy die ander tien se getuienis nie geglo het nie? Thomas het nie getwyfel aan dit wat hulle gesien en vertel het nie.

Maar die Grieke het destyds geglo dat as mense doodgaan, hulle wel nog bly lewe in 'n vorm wat miskien as "spoke" gesien kan word, maar mens kan nie aan hulle vat nie. Intussen is hulle liggame besig om te vergaan. Nog nooit het iemand al ooit uit die liggaamlike dood teruggekeer nie.

As Jesus nou regtig ook liggaamlik uit die dood opgestaan het, moes 'n mens immers ook aan Hom kon vat. En dit moes dieselfde Jesus wees as die Jesus wat dood en begrawe is.

Vir Thomas was dit nie moeilik om te glo dat hulle wel Jesus se "spook" gesien het nie. Maar dat Jesus ook liggaamlik uit die dood opgestaan het? Onmoontlik!

En toe Jesus agt dae later ook aan Thomas verskyn het? Het hy toe gevat en gevoel of dit regtig Jesus is?

Ek dink nie so nie.

Want hy, die sogenaamde ongelowige Thomas, het onmiddellik geglo: "My Here en my God." Die ontmoeting met Jesus was meer as genoeg.

Dinamiet in die geloof

Lees Josua 6:1-21

Josua 6:20 – "Toe stort die mure inmekaar".

In die dae van die Bybel het die mense groot, sterk, dik mure rondom hul stede gebou om die mense binne die stad te beskerm teen gevare van buite soos: wilde diere, diewe en plunderaars, moordenaars en vyandelike magte. As mens so 'n stad wou binnegaan of uitgaan, kon jy dit slegs deur die stadspoort doen. Die poort met sy swaar houtdeure is met metaal en koper versterk, en snags toegesluit, sodat die inwoners veilig kon slaap.

Jerigo was presies so 'n stad met baie dik mure rondom gebou. (Ragab se huis is op die stadsmuur gebou.) Nou moes die Israeliete hierdie stad verower en inneem. So het die Here Josua beveel.

Maar hóé?

Die poorte gesluit! Die mure hoog, breed en stewig! Agter die mure en op die mure: die soldate van Jerigo – tot die tande gewapen met swaarde, spiese, pyle en boë, en groot klippe om van bo af op die aanvallers gegooi te word. Hoe sou die Israeliete oor die mure in die stad kon kom? Kyk net die mure! Die mure! Die mure! Was die mure nie daar nie, was dit soveel makliker. Maar die mure was die eintlike probleem, die groot struikelblok, die groot verskrikking. Die volk moes dus leer om hier ten volle op die Here te vertrou. Hy sou Jerigo in hulle hand gee. Hulle moes net glo.

Maar wat is geloof? Hebreërs 11:1 gee die antwoord: *"Om te glo is om seker te wees van die dinge wat ons hoop, om oortuig te wees van die dinge wat ons nie kan sien nie."*

Josua en sy manne moes net op die Here hoop en op Hom vertrou, alhoewel hulle nie geweet het hoe die Here die uitkoms gaan gee nie. Maar hulle het geglo. En omdat hulle geglo het, het hulle God se opdragte stiptelik uitgevoer. Op God se bevel trek hulle elke dag eenkeer rondom die stad. Dis al! Nie 'n watwonderse militêre strategie nie. Die soldate van Jerigo het seker verbaas na hierdie vreemde optog rondom hul stadsmure gestaar. Moontlik selfs gespot. Mens maak nie so oorlog nie.

Maar dit is soos die dinge van die geloof vir die wêreld lyk: na dwaasheid en onsin! En toe gebeur dit skielik. Op die sewende dag loop die Israeliete sewe maal rondom die stad. En dit is asof die hel dan oor Jerigo losbars. Skielik begin die ramshorings blaas – hard en oorverdowend. Die soldate van Israel skreeu uit volle bors.

En die dik, sterk mure van Jerigo tuimel eenvoudig net inmekaar – asof 'n magtige onsigbare hand dit met een hou omstamp. Die Israeliete bestorm die stad, klim oor die omgevalle mure, en neem die hele stad moeiteloos in.

Hoe het dit dan gebeur? Hebreërs 11:30 gee vir ons die antwoord: *"Omdat die Israeliete geglo het, het die mure van Jerigo geval."* Sonder Hebreërs 11 kan ons nie Josua 6 verstaan nie. En 'n entjie verder lees ons in Hebreërs 11:34 dat mens deur die geloof in swakheid krag ontvang.

Die Griekse woord wat hier vir krag gebruik word is die woord: *dunamis*, waarvan die woord dinamiet afgelei is. En ons weet dinamiet het groot krag. As dit ontplof kan dit groot rotse uit die aarde skeur. So kan geloof mure inmekaar laat stort. Geloof kan selfs berge versit, soos ons in Matteus 17:20 lees: "*As julle maar geloof het so groot soos 'n mosterdsaadjie, sal julle vir hierdie berg sê 'Gaan staan daar anderkant!' en hy sal gaan. Niks sal dan vir julle onmoontlik wees nie.*"

Geloof werk soos dinamiet. Dit stel groot kragte vry. Dit laat mure omval en verskuif berge uit hul plek.

Ongeloof is kragteloos. Ongeloof vermag net mooi niks! So staan mens dikwels voor probleme wat vir jou onoorkombaar lyk. Ons sê dan: Dit lê soos 'n berg voor my. Dit staan soos 'n muur voor my. Ernstige siekte. 'n Groot operasie. 'n Finansiële krisis. Probleme by die werk. Probleme by die huis. Ek weet net nie hoe gaan ek dit oorkom nie. Presies net soos die hoë, breë, dik mure van Jerigo vir die Israeliete gelyk het. Maar die dinamiet van die geloof skiet nie net Jerigo se mure om nie. Ook die mure in jou lewe!

Leer om te bid. Leer om te glo. Leer om te vertrou. Leer om gehoorsaam te wees aan die wil van die Here. Deur die krag van die Heilige Gees sal al daardie mure in Jesus Christus ook inmekaar stort.

> *As ons in die geloof volhard sal geen muur in ons lewe ooit vir ons te hoog wees nie.*

Goddelike telegramstyl

Lees Lukas 5:12-16

Lukas 5:13 – *"Ek wil. Word gesond!"*
In Grieks bestaan ons teks slegs uit twee woorde:
(Vier woorde in Afrikaans).

Ons het hier in ons teks wat ons kan noem: 'n Goddelike telegramstyl. Kort en kragtig. *Ek wil. Word gesond!* Dit was presies wat die melaatse man wou hê: *"Here, as U wil, kan U my gesond maak."* Dit was hierdie man se nood. Hy was siek. Melaats!

Die melaatsheid van die Bybelse tye was anders as die melaatsheid (Leprose) wat ons vandag ken. Destyds was dit hoogs aansteeklik. Daarom moes melaatses eenkant en in afsondering woon. (Vandag weet ons presies wat dit alles beteken.) Hulle moes ook al van ver af mense waarsku en uitroep: Melaats! Melaats!

Die mense wat dit hoor, moes dan haastig van hulle af wegvlug. Nou ontmoet hierdie melaatse Iemand wat nie in afsku van hom wegvlug nie. Iemand wat na hom toe nader kom, en selfs aan hom raak. Iemand wat met hom praat en hom help.

Die gesonde mense sou vir hom kon sê: As ek kan, sou ek jou graag gesond wil maak, maar ek kan nie! Dit simboliseer ons menslike magteloosheid. Ek wil. Maar ek kan nie!

Toe hierdie man Jesus ontmoet, verander alles. Toe word dit: Ek wil. En Ek kan. Word gesond! Daar is niks wat Hy nie kan doen nie. Hy kan alles!

Met hierdie twee woorde stap hy ook in ons lewe in, met al ons probleme, ons vrae, ons wense en ons verlangens. Ek wil. En: Ek kan!

Ook as dit by die diepste kern van al ons ellende kom – die ellende van ons sonde. Ons sonde wat ons die ewige verderf kan insleep. Daarom bid ons: Here, as U wil, kan U my ook vergewe. En sy antwoord is kort, duidelik en seker: Ek wil. En: Ek kan!

Want die losprys is betaal. Die oorwinning is behaal. Die verlossing is verwerf. Ons het 'n Here wat ook vir elkeen van ons sê: Ek wil. En: ek kan!

> *Is dit nie wonderlik en heerlik om dit te mag hoor nie? Ek wil. En: Ek kan! Jy is vergewe!*

Ekstra

Lees Lukas 10:38-42

Lukas 10:39 – "Sy het 'n suster gehad, Maria, wat aan die voete van Jesus gaan sit en na sy woorde geluister het, maar Marta was baie bedrywig om alles klaar te maak..."

Ons het in ons teks wat genoem kan word 'n klein tekskritiese probleem. En dit is dat die Griekse woordjie "óók" in ons Afrikaanse vertaling weggelaat is (maar interessant genoeg nie in die Engelse vertalings nie).

Daarom wil ons die teks lees soos dit letterlik in Grieks geskryf is, met die woordjie "óók" daarby. *"Sy het 'n suster gehad, Maria; wat (óók) aan die voete van Jesus gaan sit en na sy woorde geluister het."* Dan lees ons verder: *"Maar Marta was baie bedrywig om alles klaar te maak."* Maria het dan, as ons dit so lees, meer gedoen as haar suster Marta, al het Marta gekla dat al die werk op haar neerkom.

Maria het ook gaan water haal, kos voorberei en bedien, skottelgoed gewas, en gehelp met die huishouding. Maar by dit alles het sy óók na Jesus se Woord geluister. Dit het dus bygekom by haar huishouding, dit was iets ekstra, sy het ekstra tyd daarvoor gemaak. Sy het dus nie die huishouding afgeskeep nie.

Maar toe Jesus hulle besoek, het sy onmiddellik daarmee opgehou, om na Jesus te gaan luister, aandagtig na sy woorde te luister. Die bediening van die gaste was wel belangrik, maar die luister na Jesus se woorde was nog belangriker. Daarom het Maria eintlik méér gedoen as Marta. Marta het nie óók kom luister nie. Sy was net te besig met haar werk – dit was al waarvoor sy tyd gehad het – daar was nie nog tyd om óók te kom sit en te luister nie.

Ons sit met dieselfde probleem. In hierdie haastige, besige tyd waarin ons lewe, waar ons tyd min is, en waar ons moet spring om alles klaar te kry, en sorg dat dinge reg verloop. Ons mag nie toelaat dat dit al ons tyd en ons aandag so opslurp dat ons nie tyd het vir daardie persoonlike ontmoeting met onse Here Jesus Christus nie. Natuurlik moet ons werk, hard en getrou werk maar ons moet by dit alles ekstra tyd inruim om óók na die woorde van onse Here Jesus Christus te luister. Nie net sorg vir die liggaam en ons liggaamlike behoeftes nie, maar ook vir die dinge van ons siel. want dit is per slot van sake nog belangriker.

As gelowiges moet ons met opgerolde moue ons daaglikse werk doen, maar dan ook met stilsit met gevoude hande op die skoot om óók na die stem van die Here te luister.

As ons nie daarvoor tyd het nie, dan is ons eenvoudig net té besig, en moet ons ons prioriteite dringend hersien.

> *Want Jesus sê vir Marta: Maria het die beste deel gekies, en dit sal nie van haar weggeneem word nie.*
> *Dinge wat dalk ook van jou weggeneem kan word.*

Hierdie man ontvang sondaars

Lees Lukas 15:1-7

Lukas 15:2 – "Hierdie man ontvang sondaars..."

Ons teks is 'n beskuldiging teen Jesus. Die Fariseërs – die elite van die godsdienstige leiers van destyds – het die sondaars vermy, en hulle nie juis veel oor die lot van arme sondaars bekommer nie. Hulle was met hulself te ingenome. Hulle het hulself as regverdig – heilig sonder sonde – gesien.

Jesus moes (volgens hulle) ook so wees. Hy behoort nie met sulke mense om te gaan nie. Hy moes Hom eerder van sulke mense onttrek.

Tog is Hy juis vir die sondaars gestuur. Want Hy het gekom sodat blindes kon sien, lammes kon loop, melaatses gereinig kon word, dooies opgewek word en die evangelie aan armes verkondig kon word (Matteus 11:5) en Hy wend Hom na die uitvaagsels van die mensdom. Hulle wat met sonde en smet belas en belaai is. Hy kom met sy genade juis na hulle toe, om hulle uit hulle ellende te verlos.

Hierdie man ontvang sondaars!

Vir ons is hierdie woorde evangelie. Want ons is die sondaars. Ons is by Jesus welkom. Dit beteken egter seer sekerlik nie dat Christus ons sonde maar ligtelik opneem nie. Nee, nie dit nie. Maar die feit dat ons welkom by Hom is.

Ons is welkom, maar ons moet ook berou hê oor ons sonde, ons sonde bely, en ons van ons sondige paaie bekeer.

Ons teks is egter die middelpunt van die evangelie – die goeie nuus. Hierdie man ontvang sondaars. Ja, dit is so. Hy ontvang sondaars. Hy nooi hulle uit om na Hom toe te kom: *"Kom na My toe almal wat uitgeput en oorlaai is, en Ek sal julle rus gee. Neem my juk op julle en leer van My, want Ek is sagmoedig en nederig van hart, en julle sal rus kry vir julle gemoed. My jul is sag en my las is lig."* (Matteus 11:28-30)

Hy ontvang ons. Hy skenk ons sy genade. Hy reinig ons tot die ewige lewe. By Hom is ons altyd welkom. Hy wil sondaars soos ons in liefde ontvang. Moontlik huiwer ons. Ons is nie goed genoeg nie. Ons is sondaars. Ons maak ons sonde elke dag meer en meer. Sal Hy ons ooit ontvang as Hy ons ken soos ons waarlik is? Kan ek regtig na Hom toe gaan soos ek is?

Jesus gee Self die antwoord op hierdie vraag as Hy sê: *"Elkeen wat die Vader vir My gee, sal na My toe kom. En... Ek sal hom wat na My toe kom, nooit verwerp nie."* (Johannes 6:37)

> *Ja, ook jy kan maar enige tyd na Hom toe kom.*
> *Wie en wat jy ook al is. Want kyk: Hierdie Man*
> *ontvang sondaars ... sondaars soos ek en jy.*

Om in die gebed te volhard

Lees Lukas 18:1-8

Lukas 18:1 – "Jesus het vir hulle 'n gelykenis vertel om duidelik te maak dat 'n mens altyd moet aanhou bid sonder om moedeloos te word."

In ons teks vind ons drie opdragte is één sin:
- altyd bid
- aanhou bid
- nie moedeloos word nie

Vir ons as haastige, besige, moderne mense klink dit na 'n onmoontlike opdrag. Hoe kry 'n mens dit reg? By baie van ons is dit juis die Achilles hakskeen – die swakheid in ons geloofslewe. Ons volhard nie in gebed nie. Want ons glo (dalk heimlik) dat dit nie regtig help om net aan te hou bid nie. Daarom hou ons dikwels te gou op om te bid. Die gevolg is: ons word uiteindelik moedeloos. Ons het net nie meer die moed om aan te gaan nie.

Ons kan ons teks dan ook negatief lees, en wel soos volg:
- nie altyd bid nie
- nie aanhou bid nie
- en moedeloos word

Daarom vertel Jesus in hierdie gedeelte die gelykenis van die onregverdige regter. Hierdie regter gee uiteindelik gehoor aan die vrou se aanhoudende en onophoudelike versoeke. Sal God dan nie ook dieselfde doen as ons aanhou roep nie? Hoe kry 'n mens dit nou reg om altyd te bid en aan te hou bid en nie moedeloos te word nie. Is dit prakties moontlik? Eintlik moet ons hier ook dink aan die beeld van 'n bruid en bruidegom. So tussen al haar werksaamhede deur, dink die bruid aanhoudend aan haar bruidegom, en is hy geurig in haar gedagtes en voer sy in haar binneste met hom talle gesprekke. So moet ons as bruidsgemeente ook voortdurend met ons hemelse Bruidegom in ons gedagtes besig wees.

In die Rooms Katolieke kerk kry ons ook die uitdrukking "Skietgebede." Skietgebede beteken baie kort, eenvoudige, dringende woorde wat aan God gerig word, in omstandighede waarin dit bykans onmoontlik is om eers neer te kniel en dan rustig te bid.

Dit is dan wat dit onder andere ook hier kan beteken, om altyd te bid en aan te hou bid. Tydig bid. En ontydig bid. En nie moedeloos word nie.

Waarom nie moedeloos word nie?

Want daar is ALTYD Iemand wat hoor.

Ons bid nie maar in die leë lug nie, of teen die plafon van ons kamer vas nie. God luister en Hy hoor as ons bid. Al voel dit nie vir ons altyd so nie. Dit is God wat in Jesus Christus ons gebede verhoor.

Nie altyd soos óns dit wil hê nie, maar soos Hý wil. Nie
een van ons gebede gaan onverhoord by Hom verby
nie.

97

Daarom as ons weer die dag moedeloos, depressief,
of angstig raak wanneer ons wil bid, onthou altyd
net hierdie opdrag van Jesus in ons teks:
Altyd bid! Aanhou bid! Nie moedeloos word nie.

Herodes wag tevergeefs op 'n antwoord

Lees Lukas 23:6-12

Lukas 23:9b – "... maar Jesus het hom niks geantwoord nie."

Vir Herodes was Jesus se koms na Jerusalem 'n welkome afwisseling. Die lewe in Jerusalem was maar vervelig. Daar was nie veel om te doen nie. En wie weet – miskien sou Jesus hier weer 'n wonderwerk doen. Want almal het geweet dat Jesus die laaste paar jaar besondere dinge gedoen het – groot tekens en wonders.

Jesus is self hier in Herodes se paleis, deur Pilatus gestuur. Herodes het nog nooit baie van Pilatus gehou nie. En hierdie gevoel was wedersyds. Daarom het Herodes nogal gevlei gevoel dat Pilatus Jesus na hom toe stuur. Herodes gebruik hierdie kans om Jesus deeglik onder kruisverhoor te neem, en Hom letterlik van alle kante met vrae te bestook.

Ons lees dat Jesus hom niks geantwoord het nie.

Waarom nie? Omdat Herodes nie 'n Jood was nie, en Jesus net na die verlore skape van Israel gekom het?

Nee! Dis nie so nie.

Jesus het ook vir die heidene antwoorde gehad. Die Kanaänitiese vrou met haar siek dogtertjie kon hoor dat haar kind weer gesond word.

Die hoofman oor honderd – 'n Romein – se kneg het weer gesond geword.

Jesus het selfs 'n paar uur vroeër met Judas Iskariot, sy verraaier gepraat.

Maar vir Herodes het Hy nie 'n enkele woord te sê nie. Net mooi niks. Hy bly die hele tyd doodstil terwyl Herodes aanhoudend vrae vra.

Waarom?

Die antwoord is eenvoudig: omdat daar geen nood by Herodes was nie. Geen sonde waarvoor hy om vergifnis wou vra nie. Geen siekte waarvan hy gesond wou word nie. Geen honger of dors of enige ander behoefte nie.

Net maar nuuskierigheid. Dis al. En vir Herodes het Jesus nie 'n enkele woord te sê nie.

Hierdie gedeelte in die Bybel gee vir ons nog 'n verdere dimensie op die onverhoorde gebed. As jy bid, het jy 'n doel waarom jy bid: Sonde waarvoor jy vergifnis wil vra, siekte waarvoor jy uitkoms vra, beproewinge waarvoor jy krag vra. Jy het dus 'n rede om te bid, 'n behoefte, 'n nood.

Die Heidelbergse Kategismus sê die gebed is die belangrikste deel van ons dankbaarheidslewe.

Selfs al is daar in al jou behoeftes voldoen, bly die behoefte altyd daar om gereeld vir die Here dankie te sê. 'n Gelowige het altyd 'n behoefte om met die Here te praat – om te bid.

'n Ongelowige nie. Herodes was 'n ongelowige. En 'n mens kan nie met 'n ongelowige hart na die Here toe kom nie. Daaroor is Hebr. 11:6 baie duidelik: *"Wie tot God nader moet glo dat Hy bestaan, en dat Hy die wat Hom soek, beloon."*

Herodes het hier die kans van sy lewe gehad om sy sonde te bely, vergifnis te vra en om in die hemel te kom. Maar met 'n ongelowige hart gooi hy hierdie laaste kans net so weg.

Later sou 'n misdadiger aan die kruis dieselfde kans met albei hande aangryp. En hy is op die laaste nippertjie gered.

'n Onveranderlike God in 'n veranderende wêreld

Lees Maleagi 3:1-7

Maleagi 3:6 – "Ek die Here, het nie verander nie."

ns kan ons teks ook so vertaal: Ek is die Here, Ek verander nie.

Ons sê dikwels: die wêreld verander deesdae darem vinnig. Eintlik is dit nie die wêreld wat verander nie, maar die mens. Daar is seker niks so veranderlik soos die mens nie.

Ons sien dit elke dag in die lewe om ons:
- jare lange vriendskappe word skielik verbreek
- diep oortuigings word losgelaat
- beloftes word verbreek
- politieke stelsels verander radikaal

Dit versterk die indruk dat die lewe voortdurend verander, en dat daar niks is wat vas, stabiel, blywend, seker en permanent is nie. Dat ons nie regtig iets het om aan vas te hou nie. Asof mens net dieper en dieper in die dryfsand van onsekerheid wegsink.

Ons teks gee egter vir ons 'n vashouplek – 'n rots om op te staan. Want dit is die Here Self wat vir ons sê dat Hy nie verander nie. Daarom is Hy absoluut betroubaar en bestendig. Daarteenoor is die mens wispelturig, onstandvastig, onstabiel en veranderlik. Juis om hierdie rede waarsku die Psalms ons om op prinse nie te vertrou nie en ons hoop op mense nie te bou nie (Psalm 146:2 Berymde Psalms).

Omdat mense verander en veranderlik is.

Net die Here is onveranderlik – altyd dieselfde.

Wat beteken dit nou dat Hy onveranderlik is? Seker nie soos 'n Egiptiese sfinks nie – die beeld van 'n leeuwyfie met die kop en bors van 'n vrou – wat al vir eeue lank dieselfde bly waar die beeld vir baie eeue op dieselfde plek in die woestynland lê nie. Of die Boeddha beeld wat vir baie eeue in dieselfde sittende posisie bly – strak, stil, swygsaam en onveranderlik.

Nee, as die Here sê Hy verander nie, beteken dit dat sy liefde en trou teenoor sy kinders nie verander nie. Daarom verander Hy selfs sy besluite ter wille van sy liefde. As Jesaja vir Hiskia sê om reg te maak want hy gaan sterf, en Hiskia bitterlik daaroor begin huil en bid, sê die Here vir Jesaja om vir Hiskia te gaan sê hy sal nie nou al sterwe nie, maar hy kry nog 15 jaar by om langer te lewe.

As Jona vir Nineve sê die Here het besluit om die stad binne 40 dae heeltemal te verwoes, en almal (die koning inkluis) ware berou betoon, besluit die Here om nie die stad te verwoes nie, maar om die stad te spaar.

So verander die Here sy besluite ter wille van sy liefde.

Eers wil Hy hê ons moet verander, ons moet ons bekeer, en terugkom na Hom toe – dan spaar Hy ons, en doen nie wat Hy aanvanklik besluit het om te doen nie. So het Hy reeds in die Paradys gesê ons as mense is bestem vir die ewige dood (die hel) as gevolg van ons sonde.

Maar ter wille van onse Here Jesus Christus se offer aan die kruis op Golgota, word ons gespaar om die ewige lewe in te gaan.

> *Wat 'n genade voorreg om so 'n God te kan hê, en te weet sy liefde vir ons verander nooit.*

Teen Hom druk of aan Hom raak?

Lees Markus 5:25-34

Markus 5:34 – "Daarna sê Hy vir haar: "Dogter, jou geloof het jou gered. Gaan in vrede. Wees vir goed van jou kwaal genees!"

Sommige mense beweer dat gesondheid 'n mens se grootste skat op aarde is. Gesondheid is nie die grootste skat nie, tog is dit belangrik. Soms waardeer mens nie jou gesondheid nie, tot op die dag as jy dit verloor. Dan sal jy alles – ja, alles – in die stryd werp om dit weer terug te kry. Soos hierdie vrou in ons teks.

Twaalf jaar lank het sy aan bloedvloeiing gely, en sy het alles probeer om weer gesond te word. Sy het hierheen en daarheen gereis – van dokter tot dokter gegaan – alle medisyne en rate probeer. Alles tevergeefs! Sy het al haar geld uitgegee, en niks oorgehou nie. En toe was sy eensaam, alleen, siek, en wanhopig.

Haar siekte word in Levitikus 15:25-30 beskrywe. Levitikus 15:19 sê dat sy onrein is. Mense mag dan nie eers aan haar raak nie, want dan is hulle ook onrein. Sy is dus sosiaal geïsoleer. Sy mag nie naby mense kom nie.

Tog bevind sy haar ten tye van ons teks tussen mense van 'n groot menigte wat om Hom saamgedruk het – 'n groot menigte wat agter Hom aan gegaan het

– mense wat van alle kante teen Hom gedruk het. Omdat sy van Jesus gehoor het.

Hy is nou haar laaste hoop.

En ons lees ook van hierdie vrou wat maar net aan Hom geraak het – en dit was heeltemal anders as die mense wat teen Hom gedruk het. Daarom kom sy nader, en raak van agter aan sy klere. En niemand kom dit eers agter nie.

Behalwe Jesus. In die gedrang het baie mense aan Jesus geraak. Nuuskierige mense. Sensasiesoekers.

Maar hierdie vrou se aanraking was anders. Sy raak in die geloof aan Hom. En dit is totaal anders om in die geloof aan Jesus te raak as om uit nuuskierigheid aan Hom te raak. Want in die geloof gebeur daar groot dinge. Volgens die wet van Moses sit ons nou egter met 'n groter probleem. Levitikus 15:19 sê enige iemand wat aan haar raak is vir die res van die dag ook onrein. Volgens wet het ons hier nie net een onreine nie, maat twee. Jesus en die vrou.

Maar dit is juis die wonder van ons Here Jesus Christus se koms. As sy wat die onreine is, aan Hom wat die heilige is, raak, is daar nie twee onreines nie, maar twee reines. Jesus en die vrou. Verlosser en verloste. Nie haar onreinheid wat Hom ook onrein maak soos die wet sê nie. Maar sy reinheid (heiligheid) wat haar rein maak. Juis toe sy in die geloof aan Hom geraak het.

So is daar in die wêreld baie mense rondom Jesus. Mense wat teen Hom druk en stamp en raak, sonder dat daar iets in hulle lewe gebeur. Mense met allerlei bymotiewe. Nuuskierig. Sensasiebelus.

En daar is ook mense wat in die geloof hul hand uitsteek, en van agter aan sy klere raak. Hulle hoef Hom nie eers te sien nie. En met hulle gebeur daar groot dinge.

Hul onreinheid word weggeneem en hul dodelike kwaad word genees. Hoe raak ons aan Jesus? Onbetrokke? Onverskillig? Uit gewoonte? Of soos hierdie vrou wat in haar wanhoop haar hand vol verwagting uitsteek, en in die geloof aan sy klere van agter raak? Stamp ons teen Jesus? Of raak ons aan Jesus? Daar is 'n verskil tussen teen Hom druk, soos so baie mense doen. Of aan Hom raak.

Teen Hom druk beteken jy is een van baie mense wat maar met hulle saamdoen, doen soos al die ander doen.

Aan Hom raak is iets persoonlik, iets individueel, wat jy as gelowige doen, waar jy met die oog van die geloof na Hom kyk, met 'n hart vol geloof in Hom glo, en met die hand van die geloof aan Hom raak.

Hy het na ons toe gekom – nie ons na Hom toe nie

Lees Matteus 3:13-17

Matteus 3:13 – "In daardie tyd het Jesus van Galilea af na Johannes toe by die Jordaan gekom om deur hom gedoop te word."

Johannes die doper moes die volk voorberei vir die koms van die Messias. Daarom trek hy as boeteprediker deur die land, en roep die mense op tot bekering.

Sy gestalte – soos dié van 'n profeet uit die Ou Testament: Klere van kameelhaar. 'n Leerband om sy heupe. Sprinkane en veldheuning as sy voedsel. En hy roep die mense op: *"Bekeer julle, want die koninkryk van die hemel het naby gekom."*

Meedoënloos striem hy die godsdienstige leiers van daardie tyd, die Fariseërs en Sadduseërs as slange – addergebroedsel. Hulle moes vrugte dra wat by die ware bekering pas. Want die lank beloofde Messias is aan die kom.

Dan kom Hy ook. Jesus Christus, die Seun van God. Ons sou verwag dat Hy by sy koms begelei sou word deur 'n indrukwekkende stoet, soos dit 'n BBP (Baie Belangrike Persoon) pas. Begelei deur 'n magtige hemelse engele-skare, met dawerende toejuiging deur 'n verbysterde skare. Konings, leiers en wêreldfigure wat voor Hom neerkniel en aan Hom hulde bewys. Maar niks daarvan nie!

As Hy kom, kom Hy stil – byna ongemerk – in die gestalte van 'n dienskneg. 'n Onbekende uit die klein dorpie Nasaret. Grootgeword in 'n gewone plattelandse gesin. Sy vader 'n eenvoudige skrynwerker. Sy moeder 'n alledaagse Joodse vrou. Tog was Hy onderdanig aan Josef en Maria. In gehoorsaamheid aan sy hemelse Vader.

Jesus kom van Galilea af na Johannes toe by die Jordaan, om deur Johannes gedoop te word. Vir Johannes is dit alles eens te veel. Hy deins terug. Want Johannes weet hy het eintlik nodig om deur Jesus gedoop te word – nie Jesus deur hom nie.

Johannes het ook nie die koms van Jesus verstaan nie. Christus wat Homself ter wille van ons verneder het. In volle gehoorsaamheid aan die wet. Reeds op die agtste dag is Hy besny.

Nou kom Hy om gedoop te word. So diep moes die Seun van die Mens Homself verneder. Want Hy het juis gekom om te dien. Nie om gedien te word nie.

Dit gaan ook ons verstand te bowe. Daarom kan ons Johannes se aarseling verstaan. En dit is die punt! Johannes het nie na Hom toe gekom nie. Hy het na Johannes toe gekom.

So ook vandag in ons lewe. Hy het na ons toe gekom. Die Here van die hemel kom na die sondaar op die aarde. Die meester kom na die dienskneg. Die koning kom na die onderdaan.

God kom in Christus na ons toe. Sodat ons in Jesus Christus sy Seun by Hom mag wees. Daarom juig Johannes ook in 1 Johannes 4:10: *"ware liefde is dít: nie die liefde wat ons vir God het nie, maar die liefde wat hy aan ons bewys het deur sy Seun te stuur as versoening van ons sondes."*

> *Daarom het Hy na ons toe gekom.*
> *Juis ter wille van ons – as versoening van ons sondes!*

Die Hemel gaan oop

Lees Matteus 3:13-17

Matteus 3:16 – "Meteens het die hemel bokant Hom oopgegaan..."

Ons teks praat van die hemel wat meteens oopgegaan het. Dit impliseer dat die hemel tot op daardie oomblik toe was. So voel ons ook dikwels, nie waar nie? So asof die hemel toe is, gesluit is. Ons gebede gestuit deur 'n ondeurdringbare muur.

Die Bybel voel soos 'n geslote boek. God is vir ons 'n vae, geheimsinnige, grootheid. Alles is vir ons toe, gesluit, ondeurdringbaar. Eintlik is dit ook so.

Waarom? As gevolg van die sonde. Die sonde sluit die hemel vir ons dig toe, en maak die poorte van die hel vir ons wyd oop. Toe stuur God sy Seun uit die hemel na ons op die aarde toe. En waar Hy gaan, gaan die hemel net eenvoudig oop.

Soos in ons teksvers: Meteens het die hemel bokant Hom oopgegaan. Sonder Hom is die hemel geslote.

Ook vir ons. Ondeurdringbaar. Onbereikbaar. Maar in Hom word die hemel vir ons wyd oopgemaak. Ons gebede styg op na 'n oop hemel tot by God se troon.

En uit hierdie oop hemel van die ewige lig op ons pad en vanuit die hemel vloei die krag van die Gees deur ons om te kan bid, die Woord te kan verstaan, en te leef en te werk tot die eer van sy Naam. Uit dankbaarheid vir die offer wat Christus vir ons gebring het.

Vandag lewe ons onder 'n oop hemel. Al mag dit soms nie so voel nie. Dit is tóg so. Want Christus het die hemel vir ons wyd oopgemaak.

Deur die gebed kry ons vrye toegang na hierdie oop hemel.

Eenmaal sal ons self deur die oop poorte van daardie oop hemel gaan, en ingaan in die huis van ons Hemelse Vader. En daar sal ons plek vir ons klaar gereed wees, want dit is Christus wat ook daar vir ons plek gereedgemaak het. (Johannes 14:2,3)

Mag ons hemelse Vader dan jou gebede verhoor, en met jou praat deur sy Woord. Mag Hy aan jou bekend wees as jou Vader wat jou hand vashou, jou lei, jou versterk, jou vertroos, te midde van al die sorge en kwellinge van hierdie lewe. En mag Hy ná die dag van aardse stryd, ook vir jou opneem in sy heerlikheid.

(Psalm 73:10 Berymde Psalm)

Geseënd is die vredemakers

Lees Matteus 5:1-16

Matteus 5:9a – "Geseënd is die vredemakers, want hulle sal kinders van God genoem word."

Dit is 'n feit dat daar orals oorlog in die wêreld is – groot oorloë en klein oorloë. Oorlog tussen nasies, lande, rasse, volke, vriende en familie. Die Bybel leer ons dat die mens na die sondeval in die Paradys 'n vyand van God en sy naaste geword het. Want as daar oorlog teen God is, is daar ook oorlog teen jou naaste, selfs oorlog teen jou broer. Kain slaan vir Abel dood.

En nou kom God na die mens toe om met ons vrede te sluit in Jesus Christus, sy eniggebore Seun. Deur sy lyde en sterwe het daar vir ons vrede gekom.

Vrede beteken egter nie die afwesigheid van oorlog nie, maar die aanwesigheid van God. Vrede beteken nie om teen elke prys die vrede te bewaar nie. Dit loop net uit op 'n gewapende vrede.

Vredemakers is mense wat diep in hul harte vrede met God gevind het deur Jesus Christus onse Here. En hulle word nou gedryf deur die liefde van Christus om in vrede met hulle naaste te lewe. Hulle bewaar sover dit moontlik is vrede met alle mense.

Nie omdat hulle bang is vir die stryd nie, want hulle is bereid om in die geloof te stry en groot offers te bring ter wille van hulle geloof. Hulle is bereid om te veg en te stry – nie soseer teen ander mense nie, maar in die eerste plek teen hulleself.

Teen die sonde in hulle eie harte.

Teen die verleidinge van die wêreld.

Teen die Satan en sy aanvalle.

Omdat hulle gelowige kinders van God is, aard hulle ook na hulle hemelse Vader. Daarom is hulle vredemakers op aarde – soos God. Want hulle lewe in vrede met God en met hulle naaste.

Tensy hulle hemelse Vader beledig word – dan baklei hulle vir sy Naam. Maar hulle grondhouding is eenvoudig om vreedsaam op aarde te lewe – vreedsaam met mense om te gaan, deur hulle van die liefde van God te vertel.

> *As jy vir mense van die liefde van God in Jesus Christus vertel, is jy 'n ware vredemaker. Dit is wat ons teks vir ons wil leer. En as jy dit doen, noem die Seun van God jou: Geseënd. Salig. Die sout van die aarde. En die lig van die wêreld (Matteus 5:13-16).*

Sout van die aarde - dit is wat jy eintlik is

Lees Matteus 5:13

Matteus 5:13 – "Julle is die sout vir die aarde. Maar as sout verslaan het, hoe kry 'n mens dit weer sout? Dit is niks meer werd nie. Dit word buitekant weggegooi, en die mense vertrap dit."

out is normaalweg deel van meeste mense se lewe. Sout word gebruik:

- om bederf te weer. Kieme en bakterie kan nie in sout lewe nie. Kos kan dan lank bewaar word sonder om sleg te word.
- sout gee smaak aan kos. Dit verhoog dus die genot van eet. Kos sonder sout is smaakloos en sleg.
- sout wat by die olie van lampe gevoeg is, het die lamp helderder laat brand, en so gehelp om meer lig te versprei.

Maar dan moet die sout suiwer wees. Sout wat laf geword het, deug vir niks. Waarom word sout laf? Waarom verloor dit smaak en geur?

Sout is eintlik 'n duursame mineraal. Dit kan vir 'n baie lang tyd hou, en aan baie veranderinge blootgestel word alvorens dit smaak verloor. Soutmyne van duisende jare oud het steeds 'n kragtige sout. Selfs fyn sout (geraffineerde sout) kan baie lank steeds goed bly. Sout mag hard word en selfs klonte vorm, en steeds sy kwaliteit behou. Sout kan eenvoudig nie bederf nie.

Los dit op in water en dit verdwyn oënskynlik, maar die kwaliteit bly behoue. Proe aan die water en dit proe sout.

Sout kan aan baie hoë temperature blootgestel word. Teen 800 grade Celsius smelt sout, maar dit behou nogtans sy chemiese samestelling.

Hoe word sout dan laf? Hoe verloor sout sy smaak en geur?

Slegs as dit met 'n ander chemiese stof verbind. Sout verloor dus sy krag deur met ander elemente te verbind. Sout is in onse Here Jesus Christus se tyd meestal uit die berge gehaal. Solank die sout in die berg was, was dit beskerm en het dit sy geur behou. Maar as die sout verbind met elemente soos die son, reën en lug, verloor dit sy krag, sy smaak en geur. Dan word dit onsuiwer, kragteloos en laf.

So wys Johannes 17:15-16 ons daarop dat ons wel in die wêreld is, maar nie van die wêreld nie.

In die wêreld: soos die suiwer sout in die berge, gereed vir gebruik.

Van die wêreld: sout wat met ander elemente verbind het.

In die wêreld: gelowiges gebou op die Woord as hul fondament, gelei deur die Heilige Gees – suiwer in leer en suiwer in lewenswandel.

Van die wêreld: Gelowiges wat wegdwaal en afdwaal, die wêreld navolg, en die wêreldse beginsels aanneem.

Daar is veral 4 sulke wêreldse beginsels (volgens 'n opmerking deur Prof. Dr. John Bettler, van die VSA) wat die soutkwaliteit kan bederf: die ideaal van die moderne mens om veral:

- mooi te wees;
- ryk te wees;
- slim te wees en
- sportief te wees as die leidende beginsels van die lewe.

Ons vind hierdie beginsels herhaaldelik op TV, in koerante en tydskrifte. Nie dat dit noodwendig verkeerd is nie, maar sodra dit oorheersend word vind daar kontaminasie, besoedeling, en onsuiwerheid in die soutkwaliteit plaas.

Daarom moet ons altyd bereid wees om voortdurend weer terug te gaan na die Woord van die Here, en toets of ons sout nog suiwer is. En deur bekering die onsuiwerhede uit te ban uit ons lewe, om opnuut weer gesuiwer te word.

Gereformeerdes het altyd gepraat van die heiligmaking en daaglikse bekering – 'n uiters belangrike beginsel. Alles wat nie ooreenstem met die Woord van die Here nie, moet met mening verwyder word. Ons moet sout wees. Ons moet suiwer wees. Ons moet kragtig wees. Ons moet smaak gee.

Sonde maak die sout laf, neem die smaak weg, en maak dit futloos en kragteloos. En hier moet ons eintlik ons koppe net in skaamte laat sak. Ons kan nie! Ons kan nie!

Daarom kyk ons biddend op na onse Here Jesus Christus om sy krag. Hy het die sonde oorwin, die dood vir ewig afgeweer en die magte van die bose verslaan. Slegs in Hom kan ons sout wees. En in Hom is ons, al is ons sondaars, meer as oorwinnaars in hierdie wêreld. Net in Christus is ons sout, gee ons krag, en kan ons die bederf weer, en ons die vlam nog helderder laat brand.

Vrugte

Lees Matteus 7:16-20

Galasiërs 5:22 – "Die vrug van die Gees, daarteenoor, is liefde, vreugde, vrede, geduld, vriendelikheid, goedhartigheid, getrouheid, nederigheid en selfbeheersing..."

Daar is 'n sekere ooreenkoms tussen die natuurlike lewe en die menslike lewe. In die natuur kry ons goeie vrugte en ook slegte vrugte. So ook in die menslike lewe. Dit gaan in 'n mens se lewe om goeie vrugte ... geestelike vrugte. In die natuur sien ons hoe vrugte geleidelik ontwikkel:

eers is daar 'n bloeisel;

dan 'n klein groen vruggie;

dit word stadig groter en voller;

en uiteindelik, na baie dae en weke is dit ryp. Gereed om geniet te word. 'n Langsame proses!

So ook in ons lewe onder leiding van die Heilige Gees. Die groei vind geleidelik plaas. Soms word ons ontmoedig omdat die resultate nie gou en vinnig kom nie.

Onthou nou, die vrugte het tyd nodig om te kan groei.

Soms hou ons weer te gou op omdat die vrugte as't ware nog "groen" is.

Soms is ons teleurgesteld omdat die vrugte so klein en so min is.

'n Jong boompie wat vir die eerste keer vrugte dra, se vrugte is ook klein en min.

Daar is dus verskillende stadiums van groei. God is die Landman (Boer) wat sy bome versorg, snoei, kunsmis en water gee. Ons het dus nie 'n verskoning nie – ons móét groei! (Psalm1)

Ons son, water en kunsmis is die Woord en die Heilige Gees. Beproewinge is die snoeimes waarmee God die dooie takke wegsnoei, sodat ons meer vrugte sal dra. Nie periodiek en af en toe nie. Maar aanhoudend, dwarsdeur die jaar, jaar na jaar. Soos die pomeloboom, die lemoenboom, en die suurlemoenboom.

Hoe doen ons dit? Deur te luister na die Woord en te doen wat God van ons vra om te doen. En die toets vir gesonde groei? Gesonde vrugte! Takke wat gelaai is met heerlike, vars, ryp, sappige vrugte.

Hoe lyk hierdie vrugte presies? Dit lees ons in Galasiërs 5:22 Liefde: Om werklik vir iemand om te gee. Die teenpool is liefdeloosheid – om nie om te gee nie.

• Vreugde: Vreugde eis nie lawaaierigheid nie. Dis eerder 'n stille blydskap diep in jou hart.

• Vrede: Die Griekse woord vir vrede kan ook orde beteken. Vrede en orde gaan hand aan hand. Orde in jou verhouding met God en orde in jou verhouding met jou medemens. As daar twis, verdeeldheid en onenigheid is, is die orde weg en heers daar wanorde.

- **Geduld:** Dit beteken om iemand nog 'n kans te gee – om te verdra. Ongeduld verdra niks.
  - **Vriendelikheid:** Dit is om minsaam teenoor ander mense te wees. Die teenpool is om bot, stuurs, en onvriendelik te wees.
  - **Goedhartigheid:** Goedhartigheid lê baie na-aan die woord vriendelikheid. Iemand wat aan sy naaste goeddoen en tot hulp en heil van sy naaste optree.
  - **Getrouheid:** Die woord wat ook vir geloof gebruik word. Maar dit gaan hier om ons optrede teenoor ons naaste. Daarom kan die woord geloof nie hier gebruik word nie, maar eerder die woord getrouheid. Dit beteken dat jy in jou woorde en optrede getrou sal wees, en jouself so as betroubaar betoon teenoor jou naaste.
  - **Nederigheid:** Om nie méér van jouself te dink as wat jy moet nie. As jy te véél van jouself dink is jy hoogmoedig.
  - **Selfbeheersing:** Die Griekse woord vir 'n wilde dier wat getem en makgemaak is. As hierdie vrug in jou lewe groei is jy nie meer soos 'n wilde mens wat doen en sê net wat hy wil nie, en hom in sy taalgebruik onbeheers te buite gaan nie. Maar dan staan jou lewe onder God se beheer – onder die beheer van sy Woord en sy Gees. En jy laat jou nie sommer saamsleep deur jou emosies nie.

So moet ons onsself voortdurend toets of daar vrugte is. Die vrugte (eintlik vrug – enkelvoud) van die Gees. Die pad van die geloof is die pad van gehoorsaamheid aan God se Woord. Doen dit met jou hele hart, en wees verseker daar sal groei wees.

Die hare op jou kop

Lees Matteus 10:29-31

Matteus 10:30 – "Van julle is selfs die hare op julle kop almal getel."

'n Haar is vir ons tekenend van iets wat klein, fyn en nietig is. 'n Haar is eintlik maar net 'n baie dun draadjie.

'n Haarbreedte is 'n baie klein afstand. Haarfyn beteken uiters noukeurig en presies tot in die fynste besonderhede. Haarklein is baie klein. Hare kloof beteken om te stry oor kleinighede en nietighede. Ons kom dit nie eers agter as daar 'n haar van ons kop afval nie. Ons voel dit nie, daarom weet ons dit ook nie eers nie.

Maar God weet dit. Die Here weet selfs van die heel kleinste dingetjies wat in ons lewe gebeur. Nie net van die groot en belangrike dinge nie. Maar ook die skynbare nietighede van die doodgewone alledaagse lewe.

Die klein teleurstellinkies.

Die skete en pyne.

Die bietjie swaarkry en hartseer.

Die geringe vreugdes en verrassings.

Dinge wat dalk by ons verbygaan. Dinge wat ons dalk al lankal vergeet het. Ja, om 'n gelowige te wees vrywaar jou nie van swaarkry en ontberinge nie.

Dit beteken nie dat daar nou nooit weer 'n enkele haar van jou kop sal afval nie.
Maar dit sal nie buite God se wil en wete gebeur nie.
God weet alles. As dit dan gebeur, gebeur dit binne sy wil met jou.

Krummels gevra en brood gekry

Lees Matteus 15:21-28

Matteus 15:26,27 – Hy sê vir haar: "Dit is nie mooi om die kinders se brood te vat en vir die hondjies te gooi nie. 27 Dit is waar, Here," sê sy, "maar die hondjies eet darem van die krummels wat van hulle base se tafels afval."

In die bergrede moedig Jesus ons aan om nooit moed op te gee nie, maar om te volhard in die gebed:

- Vra, en vir julle sál gegee word.
- Soek, en julle sál vind.
- Klop, en vir julle sál oopgemaak word.

(Matteus 7:7-8)

In ons teksverse ontmoet ons 'n Kanaänitiese vrou wat ter wille van haar siek kind na Jesus toe kom om Hom te smeek om haar te help met haar arme kind. Maar die deur word vir haar nie minder nie as vier keer toegemaak nie.

- Ons lees in vers 23 dat Jesus haar nie geantwoord het nie.
- Ons lees in dieselfde vers dat die dissipels haar wil wegjaag.
- Ons lees in vers 24 dat Jesus vir haar sê dat Hy net na die verlore skape van die volk Israel toe gestuur is, en nie na die heidene nie.

- Ons lees in vers 26 dat Jesus sê Hy is nie bereid om die kinders se brood te vat en vir die hondjies te gooi nie.

Al die deure word dus in hierdie vrou se gesig toegeklap. Sommer net so! Sonder dat sy enige iemand aanstoot gegee het. Sy is maar net 'n hulpelose vrou wat kom hulp soek het vir haar kind. Maar sy gee nie moed op nie. Sy draai nie om en gaan weg nie. Sy bly aanhou vra, aanhou smeek, aanhou soebat. Al word sy en haar kind met die hondjies vergelyk. Maak nie saak nie. Solank haar dogter net gesond word.

Sy stry nie met Jesus oor die brood nie. Sy gee toe en aanvaar dat die brood eintlik vir die verlore skape van die volk Israel bedoel is, en nie vir heidene soos sy nie.

Maar as daar brood gebreek word, is daar ook altyd krummels wat gemors woord. En niemand stel eintlik in die krummels belang nie.

Behalwe sy. Dit is al wat sy wil hê. Net die krummels.

Dit wat oorbly nadat almal brood gekry het. En net die krummels sal vir haar genoeg wees. Sy vra niks meer nie. Net dit.

Niemand sal skade ly nie. Israel sal steeds genoeg brood hê om te eet. En sy sal tevrede wees. Want hierdie vrou is honger vir net 'n paar krummels van God se groot genade.

Sy genade in Jesus Christus.

Toe sê Jesus skielik: *"Mevrou, jou geloof is groot. Jou wens word vervul."* Heerlike woorde. Sy word nie met leë hande weggestuur nie. Haar kind word gesond.

Mens dink hier onwillekeurig aan Jesus se woorde in Johannes 6:37 waar Hy sê: *"Ek sal hom wat na My toe kom, nie verwerp nie."*

Later sou 'n misdadiger aan 'n kruis selfs minder vra as net 'n paar krummels. Al wat hy van Jesus vra is 'n nagedagte: *"Jesus, dink aan my wanneer U in U koninkryk kom."* Waarop Jesus hom dadelik antwoord: *"Ek verseker jou: vandag sal jy saam met My in die paradys wees."* (Lukas 23:42,43)

Dié Hoëpriester voor die hoëpriester

Lees Matteus 26:57-68

Matteus 26:64 – Jesus antwoord hom: "Dit is soos u sê. Daarby sê Ek vir julle: Van nou af sal julle die Seun van die mens sien waar Hy aan die regterhand sit van Hom wat magtig is, en julle sal Hom sien kom op die wolke van die hemel."

Kajafas word in hierdie gedeelte omring deur die gerespekteerde familiehoofde en skrifgeleerdes. 'n Belangrike man! Hy is immers die hoëpriester. Die middelpunt van die Joodse Raad. (Die Sanhedrin)

Kajafas het reeds besluit dat Jesus moes sterf. Daarom dat hy dan ook prontuit gesê het: *"... en julle besef ook nie dat dit tot julle voordeel is dat een man vir die volk sterwe en nie die hele nasie verlore gaan nie."* (Johannes 11:49)

Al wat nou nog kortgekom het, is die getuienis. Na 'n gesukkel om getuies te vind het daar uiteindelik twee mense na vore gekom wie se getuienis ooreengestem het. En hul getuienis? *"Hierdie man het gesê: Ek kan die tempel van God afbreek en in drie dae weer opbou."* (Matteus 26:61) 'n Belaglike beskuldiging! Daarom dat Jesus op hierdie beskuldiging swyg. Wat moet 'n mens nou eintlik op so 'n beskuldiging sê? Dis in een woord: belaglik! Dan tree Kajafas op die voorgrond. Sy groot oomblik het gekom. Hy sal die mense wys hoe fyngeslyp hy is. Hy sal Jesus van Nasaret vandag skaakmat sit. Daarom vra hy 'n vraag aan Jesus met twee angels in die vraag: *"Ek stel jou onder 'n eed by die lewende God dat jy vir ons moet sê: Is jy die Christus, die Seun van God?"*

Dit is 'n meesterlike skuif. Want as Jesus dit ontken, en "nee" antwoord, sou dit Hom as 'n bedrieër ontmasker en sou Hy gestraf moes word. Sou Hy dit bevestigend met 'n "ja" beantwoord, kon Hy steeds vir godslastering veroordeel word. Maak nie saak wat Jesus antwoord nie: Hy is vas! Kajafas ervaar hier 'n groot oomblik in sy lewe. Almal om hom kan sien en hoor met watter weldeurdagte fyn taktiek hy hier besig is.

Die net trek al nouer om Jesus. Hy kan net nie wegkom nie. Al wat nou nog gedoen moet word is die uitspreek van die doodvonnis. Kajafas sit tevrede agteroor en wag dan op Jesus se antwoord wat sy lot gaan onderstreep. Vreemd dat Kajafas God se getuienis Self by die doop van Jesus in die Jordaan rivier, hier eenvoudig net ignoreer. 'n Stem uit die hemel wat gesê het: *"...dit is My geliefde Seun. Oor Hom verheug Ek My."* (Matteus 3:17)

En het Kajafas regtig niks geweet of gehoor van Jesus se wonderwerke nie? Blindes wat weer sien, dowes wat hoor, melaatses wat genees is, dooies wat opgewek is? Die getuienis dat Jesus wél die Seun van God is, was oorweldigend. Daarom dat Jesus dit ook bevestig: *"Dit is soos u sê."* (Vers 64) Maar daarby ook nog verder hierdie woorde in ons teks:

"Daarby sê Ek vir julle: Van nou af sal julle die Seun van die mens sien waar Hy aan die regterhand sit van Hom wat magtig is, en julle sal Hom sien kom op die wolke van die hemel." Skielik word die situasie radikaal verander. Dit is nou nie meer Jesus voor die hoëpriester nie, maar die hoëpriester voor dié Hoëpriester.

Vir Kajafas gaan daardie dag – die dag van die wederkoms – 'n verskriklike oomblik wees. Maar nie vir ons nie. Want Jesus, dié Hoëpriester, het Homself as Lam geoffer aan die kruis op Golgota, sodat ons sonder vrees of verskrikking voor Hom mag verskyn. Net soos Herodes, en net soos Pilatus, en net soos Judas Iskariot, en ook baie ander, hierdie oomblik van redding in die Persoon van Jesus Christus hier vlak voor hulle verskyn, by hulle laat verbygaan het, en dit nie met albei hande aangegryp het nie. Daarteenoor het 'n onrehabiliteerbare misdadiger wat die doodvonnis gekry het, die geleentheid in die laaste paar minute aan sy kruis aangegryp om gered te word.

Hy is inderdaad op die heel laaste oomblikke van sy lewe soos 'n brandhout uit die vuur geruk, toe Jesus vir hom sê: *"Ek verseker jou: Vandag sal jy saam met My in die paradys wees."* (Lukas 23:43)

Daarom 'n ernstige vraag aan jou en aan my: Wat doen ons as die evangelie van Jesus Christus voor ons verskyn? Gryp ons hierdie boodskap met albei hande, en met ons hele hart aan? Of laat ons dit eenvoudig net by ons verbygaan?

Jesus geboei

Lees Matteus 27: 1-2; 11-14

Matteus 27:2 – "Hulle het Hom geboei en Hom toe weggebring en aan Pilatus, die goewerneur, uitgelewer."

In die lydensgeskiedenis van onse Here Jesus Christus word daar baie feite en besonderhede genoem, wat dikwels sommer so ongemerk by 'n mens kan verbygaan. Soos die mededeling in ons teksvers: *"Hulle het Hom geboei..."*

Christus geboei!

Dit was deel van Sy vernedering op aarde. Slegs misdadigers is geboei, juis omdat misdadigers se hande wreed was. Hande wat so maklik kon breek en verniel, seermaak, moor en vermink. Daarom moes hierdie hande geboei word deur die vryheid van beweging te verhinder, en die verdere misbruik van die hande te beperk. Dit het die misdadiger in 'n posisie van magteloosheid geplaas.

Dit was egter glad nie nodig om ook Jesus se hande te boei nie. Want sy hande was hande wat brood aan hongeriges uitgedeel het, hande wat kinders omhels het, hande wat siekes genees het, hande wat dooies aangeraak het en met sy hande hulle weer uit die dood opgehelp het.

Ja, dit was nie nodig om hierdie hande te boei nie.

En tog was dit nodig. Juis om die teëstelling tussen Christus en ons duidelik uit te spel.

Ons is sonder boeie. Hy is in boeie.

Ons dink ons is vry. Hy is onvry – geboei.

Tog is dit presies net mooi andersom.

Dit is Hy wat vry was in sy boeie.

Ons wat geboei is in ons vryheid. Ons is magteloos deur die bande van die sonde geboei. Almal van ons is gedoem om die gevolge van die sonde te dra. Ouderdom, siekte, swaarkry, ellende en dood, smart en trane is ons deel hier op aarde. Ons kan dit nie vermy, ontsnap of ontkom nie. Of ons jonk of oud is, gesond of siek, sterk of swak, arm of ryk, klein of groot. Ons is almal die geboeides.

Christus alleen is vry. Vry van die sonde. Werklik vry. So vry dat Hy Hom laat boei. Want Hy kon net soos Simson eenvoudig net die boeie van Hom afgeskud het – nes Simson – as Hy wou. Maar Hy het Hom laat bind om ons te ontbind (los te maak). Hy het Hom laat boei om ons van ons boeie te verlos. Hy gaan geboeid die strafgerig in, sodat ons vry daaruit mag loskom. Hy het Hom laat boei, sodat ons nie eendag geboeid voor die troon van God moet staan en wag vir die finale oordeel nie.

Daarom kyk ons vandag in dankbaarheid na sy boeie. Want dit is jou boeie en my boeie wat Hy daar aan sy hande het. Die boeie van die satan, die sonde en die dood.

Die hele wêreld as wins

Lees Matteus 16:24-28

Matteus 16:26 – "Wat sal dit 'n mens help as hy die hele wêreld as wins verkry maar sy lewe verloor, of wat sal 'n mens gee in ruil vir sy lewe?"

ie mens streef voortdurend daarna om grense te verlê, groter hoogtes te bereik, en al hoe meer te wil hê uit die lewe.

So was Agab nie tevrede met alles wat hy reeds besit het nie. Hy wou nog Nabot se wingerd ook hê.

Jakob wou weer sy broer Esau se eersgeboortereg ook hê.

Dawid wou Uria se vrou, Batseba, hê.

Mense wat reeds genoeg gehad het, maar steeds méér en méér wou hê. Die mens word deur 'n innerlike mag diep in hom gedryf om altyd méér te wil hê, altyd groter, belangriker, ryker en aansienliker te wees as ander mense.

Dit is asof hierdie drang onversadigbaar is, asof die mens maar net nie genoeg kan kry nie.

Onse Here Jesus Christus het ons kom leer om nie groter te wil wees nie, maar juis kleiner, om nie méér te wil wees nie, maar juis minder, om nie vir die eie ek te lewe nie, maar om die kruis op te neem, jouself te verloën, en Hom te volg. Waarom?

Want die wette van die koninkryk werk presies net mooi andersom as die wette van die mens. Die wette van die mens is eintlik baie gevaarlik – dit bestaan uit die dien van die self – en dit lei uiteindelik tot rampe, teëspoed en ondergang. Daarom sê Christus ook: *"Want wie sy lewe wil behou, sal dit verloor; maar wie sy lewe ter wille van My verloor, sal dit terugkry."* (Vers 25) Daarom waarsku Hy ons ook dringend in ons teks: *"Wat sal dit 'n mens help as hy die hele wêreld as wins verkry maar sy lewe verloor..."*

Die wêreld: dit is die tydelike dinge van die lewe.

Die lewe: dit is die siel, dit wat meer is as die tydelike lewe, dit wat ewig in die mens is.

As jy jou lewe verloor – jou siel verloor – dan het jy waarlik alles verloor. Al het jy hier op aarde alles gekry wat jy ooit wou gehad het.

Hiervan is die gelykenis van die ryk man en die arme Lasarus 'n voorbeeld. Die ryk man het hier op aarde alles gehad wat hy wou hê, maar in die ewige lewe het hy net mooi alles weer verloor. Daar was nie eers vir hom 'n druppel water om op sy tong te sit nie.

Die arme Lasarus het weer hier op aarde net mooi alles verloor – hy het niks van hierdie lewe gehad nie. Nie eers krummels om te eet of salf vir sy swere nie.

Maar in die ewige lewe het hy skielik alles. Want hy is by Abraham – in die hemel. Daarom is dit so tragies as 'n mens bereid is om alles wat jy het net vir jouself in te span, en alles te gee ter wille van die aardse dinge – die tydelike dinge. Al ons kragte, al ons aandag, al ons tyd, alles wat ons het – ter wille van die tydelike en die verganklike. Sodat ons dan iets uiters belangrik vergeet – die dinge van die ewige lewe wat oneindig belangrik is.

Daarom moet ons leer om 'n balansstaat van ons lewe op te trek, en vir onsself af te vra: Wat is vir my die belangrikste: die dinge van die tydelike lewe? Of die dinge van die ewige lewe?

Die hemelse biblioteek

Lees Openbaring 20:11-15

Openbaring 20:12 – "Ek het die dooies, groot en klein, voor die troon sien staan, en die boeke is oopgemaak. Daar is ook 'n ander boek oopgemaak, dit is die boek van die lewe. Die dooies is toe geoordeel volgens wat daar in die boeke geskrywe staan oor alles wat hulle gedoen het."

Ons teks praat van boeke en 'n boek. Die hemel bevat dus 'n baie groot biblioteek. In hierdie biblioteek is daar baie boeke en baie verslae. Boeke en verslae oor die lewe van elke mens wat op aarde gelewe het.

Boeke en verslae oor jou lewe en oor my lewe. En na aanleiding van hierdie boeke en verslae sal mense geoordeel word oor alles wat hulle gedoen het. Alles! Hul woorde, dade en gedagtes.

Tensy hierdie verslae vernietig word sal alles daarin op 'n toekomstige datum in die openbaar bekend gemaak word. Soos Jesus ook sê in Lukas 12: *"Daar is niks bedek wat nie onthul sal word nie, en niks geheim wat nie bekend sal word nie. Daarom, alles wat julle in die donker gesê het, sal in die daglig gehoor word; en wat julle agter geslote deure vir iemand in die oor gefluister het, sal van die dakke af uitgebasuin word."*

Alles word dus bekend gemaak. Alles. Aan die hele wêreld. Daar is baie dinge wat ons liewers nooit bekend wil laat word nie. Ons dink niemand weet nie. Maar Iemand weet. God! Hy weet alles. Hy laat alles opteken, en binnekort sal die hemel en die aarde dit ook weet. Skrikwekkend, nie waar nie? Is daar dan nie iets wat ons hieraan kan doen nie?

In die hemel is daar ook 'n ander boek. Die boek van die lewe. (20:12) As jy in Jesus Christus glo as jou enigste Verlosser en Saligmaker word jou naam in hierdie boek – die boek van die lewe – opgeskryf. En al die verslae en boeke oor jou sondige lewe word dan uitgewis. Sodat jy voor God sal staan asof jy nooit enige sonde gehad of gedoen het nie.

So het die Here ons al in die dae van die Ou Testament belowe. Jesaja 44:22 – *"Ek het jou oortredinge, jou sondes uitgewis, hulle het verdwyn soos wolke, soos miswolke..."* Want dan skyn die son helder oor ons lewe in Jesus Christus ons Here. Christus.

Openbaringe 1:16 sê: "Sy hele voorkoms was soos die son wat op sy helderste skyn." in Jesus Christus word ons rekords skoongemaak – die verslae uitgewis. Want dan staan ons voor God en die mense: skoongewas in Sy bloed. Sonder skuld en sonder skaamte. Soos nuwe mense voor God. Want Hy wat op die troon sit sê: "Kyk Ek maak alles nuut."

Afgedroogde trane

Lees Openbaring 21:1-8

Openbaring 21:4 – "Hy sal al die trane van hulle oë afdroog."

Ons lewe in 'n wêreld wat vol trane is. 'n Aarde wat nat is van al die trane wat daarop geval het. 'n Aarde wat ook al nat geword het van jou trane wat op die grond gedrup het. Ons het met trane in hierdie wêreld ingekom. En ons sal onder trane uit hierdie wêreld weggaan.

Terwyl ons hier op aarde is, is trane deel van ons daaglikse lewe. Daar is trane wat in die openbaar gestort word. Daar is trane wat in ons binnekamer gestort word. Daar is trane rondom 'n siekbed. Trane rondom 'n oop graf. Daar is trane oor teleurstellings. Trane oor terugslae. Trane van spyt en berou.

Trane is die bewys van die gebrokenheid van ons lewe. Ons lewe wat deur die sonde gebreek is. *"Daarom lewe ons maar net sewentig jaar, of as ons baie sterk is, tagtig, en dié is vol swaarkry en leed."* (Psalm 90:10)

In ons teks het ons 'n wonderlike belofte dat al die trane eenmaal van ons oë afgevee gaan word. Vir altyd. Nooit weer trane nie. Die nuwe aarde sal nooit weer deur trane natgemaak word nie. En daar sal nooit weer 'n enkele traan oor die wange van 'n kind van die Here afrol nie.

Want Christus het ook ons trane op Hom geneem, en in ons plek gehuil soos niemand nog ooit kon huil nie.

Hebreërs 5:7 sê: *"Gedurende Sy aardse lewe het Hy aan God wat Hom uit die dood kon red, gebede en smekinge geoffer met harde geroep en met trane."*

Hy het vir ons sonde gesterwe. Hy het in ons plek gesterf. Hy het in ons plek gehuil. Sodat ons trane eenmaal mag ophou. Vir ewig en altyd. Op die nuwe aarde onder die nuwe hemel.

Eenmaal sal dit ook met jóú gebeur. Sal daar 'n dag kom dat jy jou heel laaste traan op aarde gestort het. Vir altyd. Nooit weer 'n enkele traan daarna nie.

Die Eerste en die Laaste

Lees Openbaring 1:9-18

Openbaring 1.17 – "Toe ek Hom sien, het ek by sy voete neergeval en bly lê soos een wat dood is. Hy het toe met sy regterhand aan my gevat en vir my gesê: "Moenie bang wees nie, dit is Ek, die Eerste en die Laaste ..."

s ons moet rekenskap gee van wat vir ons eerste en laaste in ons lewe is, sal ons waarskynlik sê: geboorte en dood.

Ons geboorte is die eerste belangrike ding wat met ons gebeur het. Ons dood is die laaste ding wat met ons op hierdie aarde sal gebeur. Tussen hierdie twee punte – ons wieg en ons graf – speel ons hele lewe hier op aarde af.

Voor ons geboorte was daar vir ons niks.

Na ons dood sal ons nie meer hier wees nie.

Verder kan ons ook dit nog byvoeg: Ons kom buite ons wil in hierdie wêreld. En ons verlaat hierdie wêreld teen ons sin. Dit klink nogal benouend. Want ons is hierin geheel en al magteloos. Ons het hier geen sê hoegenaamd nie. Die Bybel sê egter iets anders oor die eerste en laaste in ons lewe. Die Bybel sê nie ons geboorte en ons dood is die eerste en laaste in ons lewe nie.

Maar God! Hy staan bokant die skepping en bokant die tyd. Psalm 90 sê Hy is van ewigheid tot ewigheid God!

Hy was reeds daar nog voordat ons gebore is.

Aan die einde sal Hy nog steeds daar wees as ons nie meer daar wees nie. Hy was daar voor die skepping, en Hy sal steeds daar wees na die voleinding, as alles verby is. Hy oorspan ons hele lewe, van begin tot einde. In Christus het Hy ook ons lewe ingekom en met sy regterhand aan ons gevat. Ons sien dit in ons teks.

Christus wat met sy regterhand aan Johannes vat.

Nie met Sy linkerhand nie.

Die regterhand is die teken van Sy genade, sy liefde, sy barmhartigheid. So deel Hy ook die mense in: die skape aan sy regterkant, die bokke aan sy linkerkant.

Die geseëndes regs.

Die vervloektes links.

Die regterhand is dus die "goeie" hand en die regterkant die "goeie" kant.

Daarom sê Hy ook vir Johannes terwyl Hy met sy regterhand aan hom vat: *"Moenie bang wees nie. By My is jy veilig. Jou lewe is in My hand. Vir ewig en altyd."*

So vat Hy ook met sy regterhand in sy Woord vandag aan ons.

So breek Hy deur die grense van ons lewe, skep Hy vir ons ruimte by Hom.

Daarom lewe ons tussen drie punte: geboorte – dood - ewige lewe.

Wieg – graf - hemel.

> *Want Hy is vir ons die eerste en die laaste, die alfa en die omega, die begin en die einde van ons hele lewe.*

Vanaf die begin op pad na die einde

Lees Prediker 7:1-8

Prediker 7:8 – "'n Voltooide taak is beter as een wat pas begin is. Geduld is beter as hoogmoed": (1983 Vert.)
"Die einde van 'n saak is beter as sy begin." (1953 Vert.)
"Die einde van 'n saak is beter as die begin daarvan." (2020 Vertaling)

ie begin van 'n saak is gewoonlik baie belangrik. Ons het ook 'n spreekwoord wat sê: "'n Goeie begin is half gewin."
Nietemin bly dit nog maar die begin.

So baie dinge kan nog verkeerd gaan. So baie kan nog skeefloop, misluk, faal. Die swaartepunt lê altyd op die einde. Dit is wat regtig tel: Die eindresultaat.

Waarom so?

Wel, die begin van iets spel altyd onsekerheid, want die uitslag is nog nie finaal nie.

Die einde is 'n heel ander saak: Dit spel sekerheid en vastigheid. Die uitslag is finaal.

'n Klomp atlete spring weg. Enige een kan nog wen. Maar die atleet wat aan die einde van die wedloop eerste die lint breek het finaal gewen. By die beginpunt is daar dus onsekerheid – by die eindpunt sekerheid.

'n Mens kan goed begin en treurig eindig – dink maar aan koning Saul van Israel.

Of jy kan treurig begin, en tog goed eindig – dink maar aan Saulus, aanvanklik die vervolger van die kerk, wat later Paulus geword het. Die sendeling, wat die kerk al verder en verder uitgebrei en laat groei het.

So ook in ons geloofslewe. Dit bly 'n stryd tot die einde toe, en dit verg volharding, inspanning, ywer, gebed en bekering elke dag.

Tog weet 'n gelowige verseker: Eenmaal 'n kind van die Here – altyd 'n kind van die Here.

In teologiese taal word dit genoem: Die volharding van die heiliges. God wat hulle krag gee om te volhard tot die einde toe, totdat jy ook die wenstreep oorsteek.

Geloof is nie soos 'n glybaan waar jy bo begin en moeiteloos afgly ondertoe nie.

Dit is eerder die teenoorgestelde. Dit is 'n opdraande pad, 'n opdraande stryd. Dit vra van jou selfverloëning, volharding, wegvlug van die sonde, en daaglikse bekering omdat ons maar so geneig is om af te dwaal en weg te dwaal.

Kyk maar na die pad van ons Here Jesus Christus. Tussen die begin van Sy lewe en die einde daarvan op aarde het daar 'n ontsettende lydensweg gelê.

Maar die einde was so baie goed, ewig goed, toe Hy aan die einde van sy bittere lyding aan die kruis gesê het: *"Dit is volbring!"* (Johannes 19:30) Daar is ons redding en verlossing verseker. Niemand kon dit daarna ongedaan maak nie.

In Hom het ons die vaste waarborg vir 'n goeie einde.

Daarom moet ons volhard in die geloof, bly stry, bly bid, aanhou en uithou. Ons weet waarop dit gaan uitloop: ons is nou reeds meer as oorwinnaars. (Romeine 8:37)

En dit is Hy, onse Here Jesus Christus wat ook vir ons gesê het. "En onthou: Ek is by julle al die dae tot aan die voleinding van die wêreld." (Matteus 28:20) En hierdie voleinding sal onbeskryflik heerlik

Wolke van beproewinge

Lees Prediker 11:1-6

Prediker 11:3 – "As die wolke vol water is, reën hulle leeg op die aarde;"

In ons spreektaal koppel ons sterk negatiewe gedagtes aan die begrip: donker wolk. 'n Donker wolk oor jou lewe dra die gedagte van iets onheilspellend, iets onaangenaam, teëspoed in die lewe.

Daarom troos ons mense dat die donker wolk weer sal wegwaai en wel sal wyk. Of dat elke donker wolk darem 'n silwer randjie het. Tog leer die natuur ons dat daar 'n groot seën verbonde is aan daardie donker wolke. Wat is so 'n donker wolk eintlik van nader beskou? Dit is 'n digte massa fyn waterdruppeltjies. Daarom is daardie donker wolke gevul met potensiële reën. En hoe swarter en donkerder die wolke, hoe meer reën.

Daarom wens ons die wolke nie weg nie, omdat ons van die seën in daardie einste swaar, donker, dreigende swart wolke bewus is. Hoe dit 'n bar, droë, dorre aarde oornag kan omskep in 'n lushof van groene wuiwende gras, blomme, plante en bome – met die voëls wat vrolik kwetter en mense wat van vreugde en dankbaarheid jubel. Na die donker reëntyd kom die son weer uit en skyn dit vrolik oor 'n varser, frisser, lewendiger aarde, en koester mense, diere en plante hulself se warme, milde weldadige strale.

Ons kan nie reën hê sonder wolke nie. Donker wolke is eintlik wolke van belofte en seëninge. So moet ons ook dink aan die donker beproewingswolke wat oor ons lewens saampak, en die donker wolke sien as God se strydwaens van genade aan ons.

Waarom?

Omdat 'n mens nooit weer dieselfde is na 'n beproewing as voor 'n beproewing nie. Of jy word so gelouter dat jy sterker, suiwerder, en reiner daaruit kom, of jy word verswak, geknak, verwoes.

Die Here belowe egter vir al sy gelowiges dat beproewinge vir hulle nooit bokant hul kragte sal wees nie. Die satan versoek ons met die doel om ons te verswak en te vernietig. God beproef ons met die doel om ons te versterk en te bou.

Die twee kante van elke beproewing waardeur ons moet gaan. Die goue teks hier is 1 Korintiërs 10:13 *"Geen versoeking (lees ook hier: beproewing) wat meer is as wat 'n mens kan weerstaan nie, het julle oorval nie. God is getrou. Hy sal nie toelaat dat julle bo julle kragte versoek (lees ook: beproef) word nie; as die versoeking (lees ook: beproewing) kom, sal Hy ook die uitkoms gee, sodat julle dit kan weerstaan."*

Gaan lees nou self in Jesaja 43:2 hoe dit moontlik is – want in hierdie vers sal jy die antwoord kry hoe op aarde dit ooit moontlik kan wees. As dit droog word op die aarde, stuur God donker wolke vol reën na die droë aarde. Die wolke giet die reën op die aarde uit, en deurweek die aarde met lewegewende water, en op die aarde kom daar nuwe lewe, nuwe groei en bloei.

So mag God ons lewe deurweek met smart en beproewinge, maar Hy sal ons nooit daarin laat verdrink in sy toorn nie. Daarom het Hy sy eniggebore Seun Jesus Christus na ons toe gestuur om die las van sy toorn teen die sonde vir ons te kom dra en ons volkome van sy toorn te verlos. Want Hy straf jou nie. Hy het jou klaar gestraf in sy Seun Jesus Christus aan die kruis op Golgota.

God straf nie die sonde tweemaal nie. Net eenmaal. Dan is dit klaar. Nooit, maar nooit, mag ons in ons diepste beproewinge vra: Waarom straf die Here my so swaar? Die Here straf nie. Die Here beproef. Die satan versoek, want hy wil jou laat struikel en val.

In Christus het die son van God se geregtigheid oor ons lewens opgegaan, en skyn Hy helder in ons lewe, om al die donker wolke in seëninge vir ons om te sit.

Want op Golgota het dit nie net pikdonker geword nie – dit het ook by wyse van spreke vir ons begin reën. Soveel seëninge vir ons gebring. Verlossing uit die mag van die sonde, die satan en die hel. Ons het kinders van God geword. Ons het deel gekry aan die ewige lewe. Plek in die Vaderhuis. 'n Nuwe liggaam wat op 'n nuwe aarde vir ons wag.

Een vraag van jou wat nie ek of enige iemand anders vir jou kan beantwoord nie, te midde van al jou beproewinge is jou vraag: Waarom? Eerlikwaar, ek weet nie. Ek verstaan nie God se wil in jou en my lewe nie. Ons weet nie! Al antwoord wat ons vir jou met sekerheid kan gee, uit die Woord self, is dit: *"Ons weet dat God alles ten goede laat meewerk vir dié wat Hom liefhet, dié wat volgens sy besluit geroep is.* (Romeine 8:28) Ten goede.

Ek sluit af met net een voorbeeld uit die Ou Testament. Genesis 45 waar Josef homself aan sy broer wat hom gehaat het, so bekendmaak en dit vir hulle verduidelik: *"Ek is Josef, julle broer, julle het my verkoop om na Egipte geneem te word.* (Vers 4)

Maar moet julle nou nie ontstel en julleself verwyt omdat julle my verkoop het en ek hier beland het nie; want dit is vir die behoud van lewens dat God my voor julle uit gestuur het." (Vers 5)

Daar was dus 'n diepere doel van God in al die beproewinge wat met Josef gebeur het.

Vir die behoud van lewens: syne, sy broers s'n, en die kleinkinders en ook sy pa Jakob s'n.

> *Christus se lyde en sterwe aan die kruis.*
> *Vir die behoud van lewens – jou lewe en my lewe,*
> *en elke gelowige se lewe.*
> *Dus: ten goede*
> *Ten goede!*

Die beter keuse

Lees Prediker 7:10-12

*Prediker 7:1 – "'n Goeie naam is beter as reukolie,
die sterfdag beter as die geboortedag."*

Ons assosieer geboorte met die emosie: Blydskap. Ons sien in ons verbeelding: 'n baba, ouers, familie trots, vol opgewonde, dankbaar.

Die sterfdag assosieer ons met die emosie: Hartseer. Ons sien in ons verbeelding 'n kis, pyn, trane, rou. Daarom sou ons die orde in ons teks eerder wou omkeer: Die geboortedag is beter as die sterfdag. Nie soos dit in ons teks staan nie.

Wat bedoel Prediker hier? Bedoel hy dit is beter om te sterf as om te lewe? As vers 1 alleen gestaan het, sou ons dit miskien so kon verstaan. Maar die antwoord lê in vers 2: *"Dit is beter vir 'n mens om by 'n sterfgeval teenwoordig te wees as by 'n geboorte."*

Beter beteken - nuttiger. Dit werp meer vrugte, of meer profyt af. Want die sterfdag is die einde van elke mens se lewe hier op aarde. Tog lewe ons dikwels gedagteloos voort – so asof ons vir ewig hier sal bly. Ons dink nie daaraan hoe broos, en swak en tydelik en verganklik ons werklik is nie. Ons hou nie rekening met die dood nie. Vanuit die perspektief van die dood maak die mens erns met die lewe.

Maar meer as dit. Dink net daaraan - by ons geboorte kom ons 'n wêreld vol sonde en ellende in. Deur ons sterwe gaan ons weg uit hierdie wêreld en stap ons oor na God se vaderhuis. Vir baie mense is geboorte gevul met vreugde en sterwe omring met smart. Maar vir die gelowige is dit net mooi andersom. Ons weet: as jy gebore is, het jy deel aan sonde en ellende. By jou sterwe, kry jy deel aan die ewige heerlikheid. Want Christus maak die verskil. Hy het vir ons sonde gesterf. Hy is die sleutel wat ons teks oopsluit. In Hom is die sterfdag beter as die geboortedag.

Want as jy gebore is, is alles so onseker. Maar die dag as jy sterf is alles beslis en seker. Dan is die lewe voltooi. Dan word die rekening afgesluit. Dan is daar finale sekerheid.

Daarom kan ons dit ook verstaan as Paulus in Filippense 1:23 skryf: *"Ek is in 'n tweestryd: ek verlang daarna om heen te gaan en met Christus te wees, want dit is verreweg die beste, maar in julle belang is dit noodsaakliker dat ek bly lewe."*

Paulus erken die noodsaaklikheid van die lewe – om
daar te wees vir mense. Maar hy verlang baie meer
daarna om eerder by Christus te wees.

> *By Christus!*
> *Om by Christus te wees, is vir hom by verre die*
> *beste.*
> *Dit beteken inderdaad: Die sterfdag is beter as die*
> *geboortedag. Want die sterfdag bring ons veilig*
> *tuis by Christus.*

Gaan die Here ooit van ons af weg?

Lees Psalm 13:1-6

Psalm 13:2 – "Hoe lank gaan U my nog bly vergeet, Here? Vir altyd? Hoe lank gaan U nog van my af wegkyk?

Koning Dawid is hier in Psalm 13 hewig ontsteld. Dit voel vir hom asof die Here van hom vergeet het, van hom wegkyk, van hom af weggegaan het. Gevolglik voel hy bitter eensaam en alleen sonder die Here.

In hierdie Psalm vanuit sy eensaamheid en alleenheid roep hy na die Here. Hy kan net nie sonder Hom lewe nie, en hy smag na die nabyheid van die Here. Tot vyf-maal roep hy uit: Hoe lank nog? En in elke roep hoor ons die vrees dat die Here dalk van hom weggegaan het. Want dit is sy heel grootste vrees. Hy kan dit net nie langer verduur nie. Daarom die versugting: Hoe lank nog? Here hoe lank nog? En hy smeek dat die Here net weer na hom toe terugkom, want hy is geheel en al wanhopig.

Maarten Luther het eenmaal van hierdie psalm die volgende gesê: "Hier twyfel die hoop. En hier hoop die twyfel."

Dawid verkeer in 'n diepe tweestryd. Maar hy gaan nie met hierdie stryd in die gebed na God toe nie. Dit is eerder asof hy die Here met al sy waarom vrae verwyt.

Die Here het egter nie sy gebed afgewys nie. Maar die Here antwoord nie direk en onmiddellik op sy gebed nie. Hy laat Dawid wag... Soos Hy ons ook laat wag...

Dawid het lank gewag. Uiteindelik het die Here hom geantwoord, en vir hom uitkoms gegee. Daarom juig hy ook in vers 6 oor die uitkoms.

God antwoord elke gebed van ons op drie verskillende maniere.

Soms antwoord Hy: Ja,

Soms antwoord Hy: Nee (nee is ook 'n antwoord).

Soms antwoord Hy: Wag ... wag eers.

Soos hier in Psalm 13. Hy antwoord tog. Dit is die ervaring van elke gelowige wat op Hom vertrou.

Want toe onse Here Jesus Christus op Golgota aan die kruis gehang het, het Hy die volle diepte van Dawid se angs en vrees deurgemaak. Aan hierdie kruis het Sy Vader van Hom af weggekyk, en van Hom weggegaan.

Sodat ons as gelowiges hierna nooit weer deur God verlaat sou word nie. Nooit.

Die Here kom altyd weer terug na ons toe, as ons vra, as ons bid, as ons smeek... Per slot van rekening is dit nie Hy wat van ons af weggaan nie. Dit is eintlik ons wat van Hom af weggaan. En ons kan te eniger tyd weer na Hom toe kan terugkom – op ons knieë – in gebed.

Want Christus belowe dit aan ons in Johannes 6: *"En Ek sal hom wat na My toe kom, nooit verwerp nie."* In die Grieks het ons hier die dubbele negatief: nooit, nooit...

'n Laer rondom dié wat die Here vrees

Lees Psalm 34:1-9

Psalm 34:8 – "Die Engel van die Here trek 'n laer rondom die wat Hom vrees, en red hulle uit." (1953 Vertaling)

 *ns teks praat van laer trek (laer opslaan 1983 Vert.).*

Uit ons volksgeskiedenis het die begrip "laer trek" vir ons 'n eie unieke betekenis. Ons dink veral aan die Voortrekkers wat met hul kakebeenwaens 'n woeste, wilde, gevaarlike gebied ingetrek het, en aanvalle van alle kante moes afweer.

Daarom het hulle in die aangesig van sodanige gevaar laer getrek. Die kakebeenwaens in die vorm van 'n sirkel – veghekke tussen die wiele – en verder was daar doringtakke as versperring tussenin. Hulle was dus goed verskans. Binne die laer was daar dan beskerming vir die swakkes: vroue en kinders, bediendes, selfs van die vee. Terwyl die sterkeres, die weerbare manne, die laer reg rondom verdedig het met hul primitiewe gewere – maar met groot sukses.

So staan ons as gelowiges eintlik ook vandag swak in 'n gevaarlike wêreld. Aan alle kante dreig daar gevare. Ons word deur 'n nuwe gevare bedreig; soos die Covid19-virus.

'n Mens kan jou so weerloos en alleen in hierdie gevaarlike wêreld voel. Soos skape wat deur wolwe omsingel word. Maar ons is ook mense wat die Here vrees.

Daarom is ons nie alleen nie. Christus het in Matteus 28:20 aan ons belowe: *"En onthou, Ek is by julle al die dae tot die voleinding van die wêreld."*

In ons teks lees ons van die Engel van die Here – Engel met hoofletters gespel. In die Ou Testament het Hy (die Engel) God by die mense verteenwoordig. In die Nuwe Testament is dit Jesus Christus, die Seun van God, by die mense. Christus wat die laer rondom ons trek om ons aan alle kante te beskerm. Ons is in Sy hand. Dit is Hy wat oor ons waak. Dag en nag!

Dink maar aan Psalm 121:4,5 *"Waarlik, die Bewaarder van Israel sluimer nie in nie, en Hy slaap nie. Die Here sal jou beskerm."*

"Jou lewe sal Hy beskerm." (Vers 7B)

Ons is nog al die tyd steeds in Sy hand. Niks kan ons van sy liefde skei nie. Niks! *"Geen dood of lewe of engele of magte of teenswoordige of toekomstige dinge of kragte of hoogte of diepte of enigiets anders in die skepping kan ons van die liefde van God skei nie, die liefde wat daar is in Christus Jesus ons Here."* (Romeine 8:38,39)

> *Want kyk: "Die Engel van die Here trek 'n laer rondom die wat Hom vrees, en red hulle uit." Die lewe – die ewige lewe is nou ons deel.*

Tranekruik

Lees Psalm 56

Psalm 56:9 – *"Hou my trane in U kruik; is hulle nie in U Boek nie?"* (1953 Vertaling)
"Hou my trane in U leersak. Staan dit nie in U boekrol nie?" (2020 Vertaling)

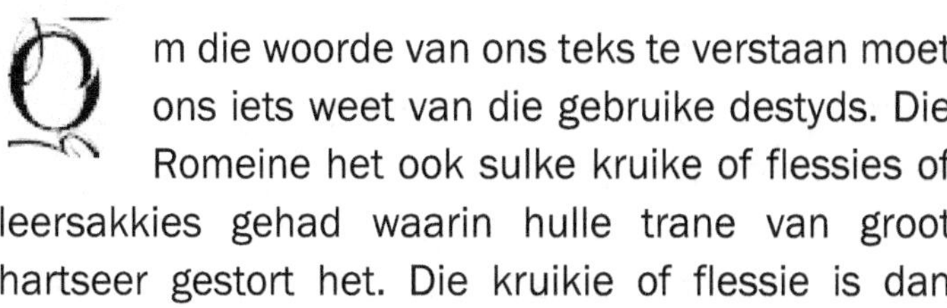

Om die woorde van ons teks te verstaan moet ons iets weet van die gebruike destyds. Die Romeine het ook sulke kruike of flessies of leersakkies gehad waarin hulle trane van groot hartseer gestort het. Die kruikie of flessie is dan bewaar as 'n kosbare kleinood vir die familie.

Iemand het eenmaal gesê trane word nie gehoor nie, maar altyd gesien. Trane is hartsbloed. Getuienis van 'n hart wat gebloei het. Dit is werklik so, want trane bevat onder andere ook die streshormoon, kortisol. Daarom is trane 'n getuienis van groot hartseer en stres in 'n mens se lewe – maar terselfdertyd bied dit ook verligting. Mense voel gewoonlik ook beter nadat hulle gehuil, en so van die streshormone ontslae geraak het.

Ons teks wil ons laat verstaan dat ons trane kosbaar is vir God. God tel ons trane. Hy bêre ons trane. Hy hou as't ware boek van elke traan wat ons hier op aarde stort. Hy katalogiseer ons trane. Hy beskou dit as heilig. Hy leef mee met ons in ons smart.

Toe Lasarus dood is, het Jesus dadelik die treurendes se trane raakgesien, en Hy het Self ook gehuil.

By die dood van Jairus se dogtertjie het Jesus haar ouers se trane gesien.

Vir die vroue rondom Sy kruis sê Hy hulle moenie oor Hom huil nie, maar oor hulself en hul kinders. En juis daar (en ook in Getsémané) het Sy Vader sy trane gesien, getel, en bewaar.

Ons doen dit ook elke keer as ons nagmaal vier. Want daar dink ons terug aan sy lyde en smart, Sy trane, sy sweet, sy bloed wat Hy gestort het ter wille van ons sonde.

Maar ons weet ook dat God aan ons in ons eie lyding, hartseer smart en trane dink. Hy hou ons trane in Sy kruik. Hy skryf ons name op in die boek van die lewe. Eenmaal sal Hy Self al die trane van ons oë afdroog in Jesus Christus.

Dis ons troos, daar wag vir ons 'n heerlike lewe -

'n lewe sonder een enkele traan...

Die dag en ook die nag behoort aan God

Lees Psalm 74:1-8; 12-17

Psalm 74:16 – "Dit is U aan wie dag en nag behoort, U wat aan die son en die maan hulle plek gegee het..."

Psalm 74 is gebore uit die krisis van die ballingskap. Die tempel is verwoes. Die stad lê in puin. In ons teksvers word die volk wat in krisis verkeer getroos. *"Dit is U aan wie die dag en die nag behoort."* Die 1953 Vertaling lees: *"Aan U behoort die dag. Aan U behoort óók die nag."* Ook die dag Ook die nag... Dag en nag. Ons het nie 'n probleem om te verstaan dat die dag aan God behoort nie. Die dag waarin die helder sonlig skyn. Waar alles lig is. Want God is lig!

Die probleem kom egter by die begrip: nag.

Vir die Oosterling het die begrip nag 'n onheilspellende en negatiewe betekenis:

- Die goddeloses word die kinders van die nag genoem;
- die doodsengel het in die nag deur Egipte getrek;
- Job vergelyk sy geboortedag met die nag;
- Dawid lê in die nag en worstel met sy gewete;
- Christus is in die nag verraai, gevange geneem, verhoor...

Die nag verskrik ons. Dit maak ons bang, bevrees en onseker.

Dit is gewoonlik die tyd van siekte, van dood, van bekommernis waar ons dierbares hulle mag bevind. 'n Tyd van rondrol in die bed, onrus en slaaploosheid. Ja, die nag is soos 'n vreemde mag wat ons verskrik.

Nou kom Psalm 74 met die troos: Geen nag bestaan los van God nie. Ook die nag behoort aan God. ook die nag is opgeneem in sy ewige raadsplan.

Ook as dit pikdonker nag in ons lewe word. As daar onheil dreig. Ook die stikdonker nag as ons lewenslig uitgedoof word soos wanneer mens 'n kersvlammetjie doodblaas, en dit skielik donker is. En ons die doodsvallei moet binnegaan. Ook die nag is in God se hand. Hy ken ons angs en ons vrees vir die nag. Ons smart in die nag.

Onse Here Jesus Christus het Self in die nag gely, in die nag geworstel, in die nag gebid, gesweet, totdat dit pikdonker nag op Golgota geword het. Om ons uit die donker nag van sonde en angs en dood uit te lei na die ewige lig.

Die Heerlikheid van God se Ewige Lig

'n Grensgeval?
Lees Psalm 84

Psalm 84:11 – "Waarlik, één dag in u tempel is beter as duisend daarbuite. Ek staan liewer by die drumpel van die huis van my God as om te woon in huise sonder God."

Ons teks plaas ons voor 'n tweesprong. Of by die drumpel. Of in die huis. (Tente 1953 Vertaling) Om by die drumpel te staan. Of om in die huis te woon. Die keuse is joune.

Huise is plekke waar 'n mens tuis is. Dit is jou plek. Jy is gemaklik daar. Dis gesellig en gerieflik. Jy asem die hele aangename atmosfeer in. Die drumpel is weer 'n plek van onsekerheid, aarseling, en weifeling. Iemand wat daar staan gaan nog nie binne nie. Hy wik en weeg. Hy is nog besig om te besluit.

Hy is 'n grensgeval. Hy aarsel en weifel of hy na God toe kán gaan, mág gaan, en sál gaan.

So lewe ons in die tyd van wat genoem kan word: die drumpel Christendom. Mense wat nie na God toe wil gaan nie, maar terselfdertyd ook nie van Hom af wil weggaan nie. Hulle kom net tot by die drumpel.

Ons moenie drumpelstaanders wees nie. Ons moet ingaan. Nie in huise sonder God wil woon nie.

Ons hoef nie te aarsel nie. Ons hoef nie te vrees nie. Ons hoef nie te twyfel nie.

Ons weet: Ons hoort in die tempel van God. Ons is baie duur gekoop. Deur die bloed van onse Here Jesus. Ons behoort aan Hom. Hy lê beslag op ons hele lewe. Ons hoort vir altyd aan Hom.

Ons is mos op pad na die huis van sy Vader en ons Vader. Jesus sê ook vir ons in Johannes 10:7,9 *"Ek is die hek vir die skape; as iemand deur My ingaan, sal hy beslis gered word. Hy sal ingaan en uitgaan en groen weiding kry."* Groen weiding: Die brood van die ewige lewe.

> *Die vraag is: Waar wil jy wees?*
> *By die drumpel van die huis van God? Of in huise sonder God?*
> *Uiteindelik sal jy wel iewers moet ingaan...*

Wysheid

Lees Psalm 90:1-17

Psalm 90:12 – "Leer ons ons dae so gebruik dat ons wysheid bekom." (1983 Vert.)
"Leer ons om ons dae so te tel dat ons wysheid bekom." (1953 Vert.)

Moses bid hier vir sy volk wat letterlik ter dood veroordeel is. 'n Volk wat 40 jaar lank deur die woestyn moes rondswerf – op pad na nêrens.

Hier in die woestyn sou hulle hul eindbestemming vind. Elke dag het daar mense in die woestyn gesterf. Elke dag, elke week, elke maand, elke jaar, is daar hopies grafte agtergelaat. En dan is daar maar weer verder en verder getrek, en weer, en weer, en weer. Terwyl die lewensjare verbygaan, soos die woestynsand wat vinnig deur die vingers gly. Orals het hulle voetspore die woestyn vol gelê terwyl Moses en sy volk die dae, maande en jare aftel. Want die volk het gesondig. Eenmaal toe hulle Kanaän kon intrek, toe wou hulle nie, omdat hulle bang en kleingelowig was. Nou mág hulle nie meer ingaan nie. Almal wat ongelowig was moes eers in die woestyn omkom. Sodat 'n nuwe geslag – hulle kinders – die land sou binnegaan.

In ons teks bid Moses vir sy volk – dat hulle in hierdie tyd wysheid mag leer.

Wat is wysheid? Psalm 111:10 sê: *"Wysheid begin met die dien van die Here."* Om God te dien, Hom te vrees en naby aan Hom te lewe is wysheid. Dus: om ver van God te wees is dwaasheid.

Psalm 90 leer ons dus om na te dink oor ons lewe hier op aarde. En hierdie grendeltyd bied vir ons juis die ruimte om weer ernstig na te dink. Wat doen ons hier op aarde? Hoe moet ons ons dae – ons tyd – deurbring? Is ons hier net vir hierdie lewe? Om 'n bestaan te maak? Om te werk en iets bymekaar te probeer maak? Te geniet wat ons maar kan geniet?

Nee, ons is eintlik hier om die Here te dien. Om elke dag vir Hom te lewe. Om elke oomblik naby aan Hom te bly. Om ons lewe as 'n dankbaarheidslewe aan Hom toe te wy.

> *Wie dit in die lewe ontdek het, het die ware wysheid gevind. Het gevind dat Moses se gebed vir hom of vir haar verhoor is. En dit is om ons dae so te tel of so te gebruik om wysheid te bekom. Want dit is die diepste wysheid in die ware sin van die woord.*
>
> *En dit maak die lewe op die einde dubbeld die moeite werd.*

Blydskap

Lees Psalm 100

Psalm 100:2 – "Dien die Here met blydskap."

Ons kry in die hele Psalmboek nie 'n blyer lied as Psalm 100 nie. Ons hoor hier niks van sonde, ellende en klagtes nie. Niks word van die Here gevra nie.

Psalm 100 is eintlik net 'n vrolike, borrelende vreugdelied! Gelowiges moet juig soos 'n skare vir 'n koning juig, en hardop hul diepe dankbaarheid, vreugde, dankbaarheid en blydskap uitjubel. Daarom is die woorde en die melodie van Psalm 100 ook so vrolik. Dit moet dan ook vrolik gesing word. Mense wat dit sing, vier fees, en hulle straal van blydskap.

Maar... Volgens die 1953 Vertaling is hierdie psalm gesing by die lof-offer. Wat is die lof-offer? Lof = Loof.

Die woord loof beteken om aan iemand lof te skenk, of om iemand te prys, en bly te wees.

Offer beteken weer om iets kosbaar af te staan – as dit wat jy afstaan nie vir jou kosbaar is nie, is jy nie besig om te offer in die ware sin van die woord nie.

Want 'n offer is duur, seer, en swaar, en bring dikwels hartseer en trane. Lof-offer is dus 'n teenstrydige woord. Dit beteken om met gejubel te offer. Dit is 'n offer wat in trane gebring is, maar wat mense terselfdertyd ook bly maak. Want as die tempelgangers na die tempel op die berg Sion optrek, en voor die deure wat na die ingang van die tempel lei, te staan kom, staan die tempeldeure vir hulle wyd oop. Dit is nie gesluit nie.

Hulle hoef dus nie om te draai nie. Deur die geopende deure kon hulle die rokende altaar in die voorhof van die tempel sien staan. Die altaar waarop daar geoffer is. Die altaar is die plek van versoening met God. By die altaar skenk die Here sy genade aan die mens.

En om die poort in te gaan, beteken om God se genade en vergiffenis vir sonde daar te gaan aanvaar.

Die eerste ding wat 'n mens doen as jy na God toe wil kom, is om sy genade en vergiffenis vir jou sonde te aanvaar.

Daarom sing die tempelgangers mekaar uitnodigend toe in vers 4: *"Gaan sy poorte binne met dankliedere, sy tempel met lofgesange, dank Hom, prys sy Naam."*

Die poorte staan uitnodigend oop. Die voorhowe van die tempel wag op die skare. Hulle kan nou ingaan, en hulle God ontmoet. Niks wat hulle keer nie. Daarom dat hulle met kinderlike vreugde en met gejubel ingaan om die Here met blydskap te dien in sy tempel.

Hierdie uitnodiging om die Here te dien, geld nie net vir die volk Israel nie, maar ook vir jou en vir my en vir elke gelowige in Jesus Christus. Want op Golgota staan ons altaar: die kruis van Jesus Christus.

Daar het Hy sy offer gebring: sy liggaam. Daar het ons kinders van God geword. En elkeen wat in Hom glo.

Daarom is ons so bly – so baie bly – want Christus is ons Lof-offer. Hy het die poorte van die hemelryk vir ons wyd oopgemaak. Niks kan ons keer nie. Nie eers ons sonde nie. Ons kan net binnestap. Daarom dat ons die Here met blydskap moet dien.

Soos ons ook in Filippense 4:4 lees: *"Verbly julle altyd in die Here. Ek herhaal, verbly julle!"* Die apostel Paulus skryf hierdie woorde neer onder inspirasie van die Heilige Gees, vanuit die tronk, aan 'n gemeente wat baie teen hom gekant was, maar dit blus nie sy blydskap in die HERE uit nie.

Daarom dink ons altyd aan onse Here Jesus Christus, terwyl ons Psalm 100 voluit sing, met oorgawe, terwyl ons die genade van die Here geniet. Elke dag!

> *Kom ons dien dan die Here met blydskap.*
> *Altyd.*
> *Oral.*
> *Elke dag.*
> *Ten spyte van ons omstandighede.*

Vertel dit vir Hom

Lees Psalm 119:25-32

Psalm 119:26a – "Ek het my lewensloop aan U bekend gemaak, en U het my gebed verhoor." (1983 Vertaling)
"Al my weë het ek vertel, en U het my verhoor."
(1953 Vertaling)

Psalm 119 is moontlik op 'n sekere tyd geskryf as slot van die Psalmbundel. Op daardie tydstip was daar nog nie 150 Psalms soos ons dit vandag het nie. Dit moes as't ware dien as 'n samevatting van al die vorige Psalms. In ons teksvers wil die digter ons aanspoor om te midde van alles wat in ons lewe gebeur, tot stilstand te kom, en rustig en stil voor die aangesig van die HERE te word.

Want ons lewe in moeilike tye – ons lewe is vol onsekerheid, twyfel, bekommernisse, angs, spanning en kwellinge. Ons teks sê: *"Al my weë het ek vertel"* (1953 Vertaling). Jy moet dit ook doen. Al jou weë vertel. Wanneer jy bid. Die weë wat agter jou lê: jou sondige paaie, jou afdwaal paaie en jou wegdwaal paaie. Vertel Hom dat jy berou het oor al jou sonde. Dat Hy jou moet help op die weg van bekering, van heiliging, en van dankbaarheid.

Vertel Hom ook van die weë wat nog voor jou lê – die onbekende en onsekere weë. Dit waarvoor jy bang is. Dit waaroor jy bekommerd is. Dit waaroor jy besorgd is. Ook jou planne vir die toekoms, jou drome, jou wense, jou ideale.

Dit wat jy graag nog wil doen. Bring dit eers voor Hom in gebed voordat jy dit begin uitvoer. Ken Hom in al jou weë – die weë wat agter jou lê – die weë wat voor jou lê. Want Hy is in Jesus Christus jou God en jou Vader. Vir Hom kan jy werklik alles – maar alles – vertel.

In Christus vergewe Hy jou sonde. In Christus verhoor Hy jou gebede. Op Sy tyd. Volgens Sy wil en sy welbehae. Miskien verhoor Hy onmiddellik jou gebede. Miskien wag Hy eers tot later as die tyd ryp is. Miskien antwoord Hy selfs met 'n nee, soos toe Hy vir Paulus "nee" gesê het nadat Paulus tot drie maal gebid het daarvoor dat dit tog van hom weggeneem moet word, en Hy geantwoord het dat Sy genade vir Paulus genoeg sou wees. (2 Korintiërs 12:9) Hou aan om Hom van al jou weë te vertel.

Om dan saam met die Psalmdigter te kan sing:
Nogtans sal 'k altyd by U bly; niks kan my van U
liefde skei – U wat my regterhand gevat het, vir wie
'k van harte liefgehad het. U sal my voortlei deur U
raad, o God, my hulp, my toeverlaat, en na die dag
van aardse stryd, my opneem in U heerlikheid.

'n Lied sonder grense

Lees Psalm 45

Psalm 45:18 - "Mag deur my lied die roem van U naam oor geslagte strek, sodat volke U vir altyd sal prys."

Psalm 45 is 'n bruilofslied, aan die Koning as die bruidegom, opgedra. In hierdie lied word die versugting teenoor die Koning uitgespreek dat deur die lied die roem van sy naam oor al die geslagte heen sal strek, sodat volke hom vir altyd sal prys.

Wie is hierdie koning?

Kyk 'n mens dieper na hierdie vers, sien jy dadelik dat hierdie lied ten diepste 'n lied sonder 'n punt is. 'n Lied sonder 'n einde. 'n Lied bestem vir alle tye. 'n Ewigheidslied. 'n Lied wat oor die grense van die tyd reik, en tot in ewigheid strek. 'n Lied *"vir ewig en altyd"* (1953-Vertaling).

Hierdie lied dra die roem van die Koning oor al die geslagte heen – nie net hierdie geslag nie. Dit is 'n lied wat waarin al die volke die Koning sal prys – nie net hierdie volk nie.

Wie anders kan dit wees as Jesus Christus onse Here?

In Hom is hierdie lied vervul. Want Hy is die Koning van alle konings, en sy troon staan vir ewigheid vas. (Hebr.1:8) En sy bruid is die kerk.

Daarom is ons as gelowiges ook by hierdie lied ingesluit. Ons sing ook hierdie lied met diepe dankbaarheid saam tot eer en verheerliking van onse Here Jesus Christus deur Wie ons uit genade alleen gered is.

> *Ons sing en ons jubel tot die eer van Sy Naam: "My hart, ontroer deur mymering, sal lieflik van 'n Koning sing. My tong, deur digvuur aangedryf, is soos 'n pen wat vaardig skryf."*

Gebed om woorde

Lees Psalm 51

Psalm 51:17 – "Here, gee my die woorde om u lof te verkondig."

Daar is 'n bekende spreekwoord in Afrikaans wat sê: Swye is goud, spreke is silwer. Juis omdat ons sondige mense is, moet ons baie versigtig wees wat ons sê. Ons sondig veral met ons woorde. Daarom bid Dawid ook in Psalm 141:3 *"Sit 'n wag voor my mond Here, hou tog wag oor wat ek sê."*

Psalm 51 is 'n skuldbelydenis van Dawid wat as berouvolle sondaar genade in die oë van die Here gevind het.

En nou bid hy vir woorde – vir die regte woorde: *"Here, gee my die woorde om u lof te verkondig."* Want dit kan hy nie uit sy eie doen nie. Daarvoor is die genade van die Here net te groot en te heerlik.

Hy as sondige mens is net te swak en te sondig om die Here na regte te loof en te prys. In homself kan hy nie die regte woorde vind nie. Daarom bid hy dat die Here die woorde sal voorsien, onder die kragvolle leiding van die Heilige Gees.

Daarmee bely hy sy totale afhanklikheid van die Here.

Ook in sy dankbaarheidslewe as hy die Here loof en prys.

Dit moet ook ons gebed wees as verloste sondaars in Jesus Christus. Want in onsself kan ons nooit die regte woorde vind om God te loof en te prys vir ons volkome verlossing in en deur Jesus Christus onse Here nie.

Ons wat soos brandhout uit die vuur gered is (1Kor.3:15). Ons het net nie die regte woorde om God na regte te loof en te prys vir ons verlossing in Jesus Christus nie.

Daarom neem ons ook hierin ons toevlug tot die Here, en bid ons ook voortdurend: Here, gee ook aan my die woorde om u lof te verkondig.

> *Wat kan ek die Heer vir al sy guns vergeld? Wat kan ek Hom bring uit dank vir sy genade? Ek sal Hom prys vir sy verlossingsdade en by die kelk van heil sy Naam vermeld." (Ps. 116:7)*

Die krag van die evangelie

Lees Romeine 1:9-17

Romeine 1:16 – "...'n krag van God tot redding van elkeen wat glo."

Paulus skryf hier aan die Romeine – burgers van die Romeinse ryk. Rome - die simbool van krag en mag. Rome wat met militêre geweld die hele wêreld verower het. Daarom het mense respek gehad vir die krag van Rome.

In die Grieks is daar nie minder nie as ses woorde vir krag. In ons teks word die woord *"dunamis"* gebruik. Luister na die ooreenkoms tussen die Griekse woord *"dunamis"* en ons Afrikaanse woord dinamiet, en dinamo.

Dinamiet het krag om rotse uit die aarde te skeur.

'n Dinamo kan weer krag opwek en uitstraal.

Dit het 'n geweldige potensiaal. Net so is die evangelie. Evangelie beteken: goeie nuus! Die evangelie het groot krag - dit is dinamies, dit is kragtig, dit doen iets groot. Oral waar die evangelie verkondig word gebeur daar ook groot dinge. Mense word verlos, bevry, genees. Nuwe lewe word in hul harte opgewek.

Alle ander kragte in die wêreld staan hier magteloos: sonde, ouderdom, siekte, dood, satan, hel... Orals waar die evangelie verkondig word, is God met sy krag teenwoordig.

Maar alles gebeur nie outomaties, buite ons bewussyn om nie. Die evangelie moet deur hulle wat dit hoor, geglo word. Daarom is daar nie redding vir almal nie, maar slegs vir hulle wat glo.

Die woord "redding" beteken: redding uit gevaar, bevryding van gevangenskap, herstel van siekte en dood.

Die implikasie hiervan is: jou lewe verkeer eintlik in groot gevaar. Jy kan dit vir altyd verloor. Weens die ewige toorn en straf van God oor die sonde. Dit gaan dus hier om die behoud van jou lewe. Nou, wat moet jy doen om uit die gevaar te ontkom?

Die antwoord is eenvoudig: Glo!

Wat is glo?

Glo beteken om op God se genade te vertrou. Nie op jouself nie. Maar op God.

Wat is dan die geheim van die krag van God? Jesus Christus! 1 Korintiërs 1:24 sê dit baie duidelik vir ons: *"... Christus, die krag van God en die wysheid van God."*
Handelinge 16:31 sê: *"Glo in die Here Jesus en jy sal gered word, jy en jou huisgesin."*

Glo beteken hier: Kyk weg van jouself!
Kyk na die Here Jesus! Bely jou sonde.
Vertrou net op Christus met jou hele hart.
En ook jy sal gered word, jy en jou huisgesin,
want so is die evangelie: "...'n krag van God tot
redding van elkeen wat glo."
Glo jy dit?

Veilig

Lees Spreuke 18:1-20

Spreuke 18:10 – "Die Naam van die Here is 'n sterk vesting; die regverdige vind daar skuiling."

Ons teks bring ons midde-in 'n oorlogsatmosfeer. As die vyand hulle aanval, het die mense hulle veilig gevoel in 'n sterk vesting. Hierdie vesting was dikwels 'n toring op 'n hoë muur. Hoe hoër die vesting, hoe veiliger het hulle gevoel.

Vandag sou ons so 'n vesting maklik kon platskiet met ons moderne wapens. Maar in Bybelse tye het die mense nie so iets geken soos mortiere, bomme en kanonne nie. Daarom het hulle veilig en beskut gevoel in 'n veilige vesting. Die Bybel leer ons dat die Naam van die Here so 'n vesting is, waarin 'n gelowige kan gaan skuil, en waar jy volkome veilig kan wees. Veilig teen die swaard, spies, pyl en boog van die vyand. Maar kan 'n mens ooit werklik veilig wees teen die gevare wat ons omring? Wat van die gevreesde Corona 19 virus? En wat van die onsigbare gevare in die lug, die satan en sy bose magte.

Wat van die droogtes, werkloosheid, misdaad, siekte, ouderdom en dood? Wat van...? (Voltooi maar self jou lys van gevare in jou lewe.)Tog probeer ons om ons lewe so veilig as moontlik te maak, deur vir ons 'n menigte sterk vestings te bou. Soos ons in die volgende vers (Spreuke 18:11) lees: *"Die ryk man sien sy besittings as sy vestingstad, as 'n hoë muur wat hom beskerm."*

Vir baie van ons is geld, of gesondheid, ons familie, vriende, dokters en hospitaal ons veilige vesting. Maar as die storm eers losbars stort al hierdie veilige vestings eenvoudig inmekaar. Nie een kan bly staan nie. Daar is net één vesting wat uiteindelik altyd bly staan. En dit is die Naam van die Here! In sy Naam glo ons. Op sy naam vertrou ons. Sy naam roep ons aan. En die Bybel sê: *"Elkeen wat die Naam van die Here aanroep, sal gered word."* (Handelinge 2:21)

Elkeen! (Moenie dit miskyk nie) Elkeen! Elkeen! Ja, ook jy!

Dit beteken: Die naam van die Here is 'n sterk vesting; die regverdige vind daar skuiling. Want in Jesus Christus mag ook ons die naam van die Here aanroep.

Ook in hierdie baie moeilike, onsekere tyd waarin ons vandag lewe. Dan is dit ons troos – ons enigste ware troos: "Die Naam van die Here is 'n sterk vesting; die regverdige vind daar skuiling."

Verseker!

God se eiendom

Lees Titus 2:11-15

Titus 2:14 – "… sodat ons sy eie volk kan wees…"

Die gedagte dat gelowiges die eiendom van die Here is, is 'n baie belangrike tema in die Bybel. So lees ons in Jesaja 43:2 *"Ek het jou by die naam geroep. Jy is Myne."*

Wat beteken dit nou om die eiendom van die Here te wees. Ons teks gee ons meer lig. Die woordjie "eie" in ons teks bestaan eintlik uit 2 woorde: *peri* – dit beteken: rondom; en *ousios* – dit beteken om te wees: om rondom te wees. Ons kan dit voorstel as 'n sirkel met 'n punt in die middel van die sirkel. Die sirkel lê 360° rondom die punt, en sluit die punt aan alle kante in. Die sirkel lê dus geheel en al beslag op die punt in die middel, en het die punt net vir homself. Dit beteken God lê beslag op sy hele volk (gelowiges) en het sy gelowiges net vir Homself. God is dus soos 'n ronde sirkel om sy gelowiges.
Ons kry hierdie gedagte meermale in die Bybel:
- Psalm 34: *"die Engel van die Here trek 'n laer rondom die wat Hom vrees;"*
- Psalm 125:2: *"rondom Jerusalem is berge, so is die Here rondom sy volk;"*

- Psalm 139:5 *"U sluit my in van agter en van voor."*

Elke keer die sirkel met die punt in die middel-gedagte.

God wat ons soos 'n sirkel aan alle kante omring. Ons is soos die punt binne-in die sirkel. Dit beteken vir ons veiligheid, sekuriteit, sekerheid, beskerming.

Hoe so? Plaas nou enige ander punt êrens buitekant die sirkel. Skryf by daardie punt neer dit waarvoor jy beangs is. Noem dit: satan, sonde, siekte, dood, hartseer, droefheid, trane. Probeer nou die punt buite die sirkel verbind met die punt binne die sirkel, sonder om die sirkel te sny.

Onmoontlik. Ons móét die sirkel iewers sny om by die punt daarbinne uit te kom. Dit beteken: wat jy ook al vrees, kan nie na jou toe kom sonder om éérs God se wil te kruis nie, sonder dat God dit weet nie, sonder dat God dit toelaat nie.

So moes die satan éérs toestemming van God kry, voordat hy rampe en ellende oor Job kon laat kom. Maar God beperk satan se mag as Hy vir hom sê: *"Alles wat hy (Job) het, gee Ek in jou mag oor. Net aan hom self mag jy nie raak nie."* (Job 1:12) Die gelowige – ek en jy – is soos die punt in die sirkel van God se liefde wat ons aan alle kante omring en beskerm.

Hoe kom 'n mens nou binne in die sirkel?

Die antwoord lê in Jesus Christus.

Deur Sy liefde en genade vir ons. Ons sien dit by die kruis.

Twee misdadigers saam met Christus gekruisig. Christus die Sirkel. Hulle soos twee punte buite die sirkel, want hulle is geharde misdadigers – verlore mense.

Die een volhard in sy ongeloof en wil niks van Christus weet nie. Hy spot: *"As U die Christus is, verlos Uself en ons."* Hy bly buite.

Die ander een wend hom in die laaste minute van sy lewe na Christus: *"Jesus dink aan my wanneer U in U koninkryk kom."* Jesus: Redder, Verlosser, Saligmaker. Dis sy belydenis.

Vir hom sê Jesus: *"Ek verseker jou; vandag sal jy saam met My in die Paradys wees."* (Lukas 23:43)

Die punt buitekant wat ingetrek word binne die dampkring van God se liefde in Jesus Christus. Die Sirkel wat beslag lê op die punt.

> *Die verskil is Christus. Ongeloof hou jou buite die sirkel. Geloof plaas jou binne in die sirkel. Geloof in Jesus Christus as jou Redder, Saligmaker en Verlosser.*
>
> *Ook jy is ook nou die eiendom van die HERE.*

Geloofsekerheid

Lees 1 Johannes 5:1-13

1 Johannes 5:13 – "Hierdie brief skrywe ek vir julle, sodat julle kan weet dat julle die ewige lewe het, julle wat in die Seun van God glo."

ie doel waarom Johannes hierdie brief skryf is: geloofsekerheid!

Nie skyn-sekerheid nie, maar egte, ware, sekerheid. Daarom sê Johannes *"skrywe ek hierdie brief vir julle."* Dit is die rede, die groot doel van sy skrywe. En presies wat is die doel? *"Sodat julle kan wéét."* En wat sal die lesers weet nadat hulle sy brief gelees het? Antwoord: *"Dat julle die ewige lewe hét."*

Kom ons kyk na die twee kernwoorde in ons teks: wéét en hét. Die wéét waarvan Johannes hier in ons teks praat beteken in die Grieks: Absoluut seker wees. Om geen twyfel te hê nie.

As dit om ons geloofslewe gaan, werk die Bybel nie met vraagtekens nie, maar eerder met uitroeptekens. Die Bybel het die antwoorde op al ons vrae rondom geloof. Anders, watter nut sou die Bybel dan anders hê?

Wat sou dit help om die evangelie, die blye boodskap, te verkondig, terwyl mense nog net so onseker is oor hul redding? Dan is dit mos nie 'n blye boodskap nie. Dit is dan eerder 'n treurige boodskap.

Want dan bly jy maar nog net so onseker nadat jy dit gehoor het.

Onder leiding van die Heilige Gees wil Johannes vir ons egte sekerheid gee. Juis daarom skrywe hy hierdie boodskap: *"Sodat julle kan wéét."* Sekerheid bring blydskap. As jy nog nie sekerheid het nie, kan jy ook nie regtig bly wees oor die Woord van die Here nie.

Nou: wat is dit wat ons kan weet? Antwoord: Dat ons die ewige lewe het! Teenwoordige tyd. Nie: dat ons dit miskien eendag in die toekoms sal hê nie. Maar dat ons dit regtig het, reeds hier, reeds nou.

So baie gelowiges is nog onseker. So baie bou hul sekerheid op 'n valse fondament: bekering, geloof, doop, goeie werke. Wie sy sekerheid op sy bekering bou, moet juis eers weer tot bekering kom en die evangelie glo. Jy moet nie eers tot bekering kom voordat jy kan glo nie. Jy kom juis tot bekering deur te glo.

Onsekerheid oor jou verlossing is 'n mosie van wantroue in jou Verlosser.

Sommige mense sê: Ek weet nie. Hoe kan 'n mens weet? Hoe kan jy seker wees? Ek doen maar my bes. Ek bid, lees Bybel, gaan kerk toe, gee my tiende, doen goed aan ander mense. Dit is egter nie geloofsekerheid nie. Dit is eerder geloofonsekerheid.

Die ondeelbare oomblik

Lees 1 Korintiërs 15:50-58

1 Korintiërs 15:52 – "By die laaste trompet sal dit in 'n oomblik, in 'n oogknip gebeur, want die trompet sal weerklink, en die dooies sal as onverganklikes opgewek word, en ons sal verander word."

Paulus praat in vers 51 van 'n "geheimnis" wat hy aan ons bekend maak. En in die volgende vers, vers 52, word hierdie "geheimnis" aan ons bekend gemaak. Die geheimnis is dat die dooies met die wederkoms van Christus uit die dood sal opstaan, en dat diegene wat dan nog lewe in 'n oomblik verander sal word.

Hoe dit alles in 'n oomblik gaan gebeur is eintlik 'n baie moeilike saak wat ons ook maar moeilik probeer verstaan.

As Paulus in ons teksvers van in 'n oomblik praat, gebruik hy die woord "atoom" (Grieks: *atomo*). Dit beteken 'n ontsettende klein tydsoomblik. Volgens die *H.A.T.* is 'n atoom die kleinste deeltjie van 'n element. Dit kan nie nog kleiner opgedeel word nie. Dit is ondeelbaar.

In ons teks is dit dan: die ondeelbare oomblik! Nou wat beteken dit? Die ondeelbare oomblik beteken dat ons nou by die heel kleinste deeltjie van die tyd uitgekom het. Die tyd kan nie nog verder opgedeel word nie. Net soos 'n atoom nie in 'n nog kleiner deeltjie opgedeel kan word nie.

Prakties beteken dit dat ons by die einde van die tyd gekom het. Hier hou die tyd op. Dit is die oomblik van die wederkoms van onse Here Jesus Christus. Dan is dit die einde van tyd op aarde, soos ons dit ken. Tyd word dan ewig.

Daarom dat daar op die trompet geblaas word sodat almal kan hoor dat die einde hier op aarde gekom het. Na hierdie ondeelbare oomblik kom die ewige heerlikheid of die ewige straf. Dan is alles wat tydelik is, vir altyd verby.

Die dood is weg. Ook siekte, pyn swaarkry en lyding – alles vir altyd verby! Ons tydelike liggaam word dan vervang met 'n nuwe liggaam – 'n opstandingsliggaam. En met hierdie nuwe liggaam gaan ons die ewige lewe binne.

Ewige lewe beteken: tyd sal nooit weer minder word nie – tyd is dan vir ewig. Maar vandag is die tyd besig om minder te word, kleiner te word, en verby te gaan. Altyd al minder en minder, en kleiner en kleiner. Net soos mens materie kan opbreek, en dit al kleiner en kleiner kan maak, opdeel, en weer opdeel, totdat jy uiteindelik by die heel kleinste deeltjie uitkom – die atoom. Dan kan jy dit nie meer verder verdeel nie. So is ons onherroeplik op pad na die einde van die tyd – na daardie ondeelbare oomblik.

En ons sal dit almal beleef – as ons dan nog lewe, of as ons intussen dood is – maak nie saak nie. Almal wat al klaar geleef het, vandag lewe, en in die toekoms sal lewe, sal dit beleef; hierdie ondeelbare oomblik. Tyd word net al minder en minder soos ons nader en nader na die wederkoms beweeg.

Daarom lewe ons vandag in genadetyd, en moet ons die beste gebruik maak van elke oomblik, want tyd is kosbaar. Daar is nie 'n oorvloed van tyd nie.

Daarom die dringende oproep in Jesaja 55:6: "Vra na die wil van die Here terwyl Hy nog te vinde is, roep Hom aan terwyl Hy nog naby is." Sodat ons met die wederkoms van ons Here Jesus Christus gereed sal wees as ons by die einde van die tyd gekom het. As die ondeelbare oomblik aangebreek het. Is jy gereed vir daardie oomblik?

Tussen die bekende en die onbekende

Lees 1 Samuel 7:1-12

1 Samuel 7:12 – "Samuel het toe 'n klip gevat en dit regop gesit tussen Mispa en Sen. Hy het die plek Ebenhaeser genoem, "want," het hy gesê, "tot nou toe het die Here ons gehelp."

amuel neem 'n klip en sit dit regop tussen Mispa en Sen. Dit is nogal vreemd. Ons weet nogal van baie van Mispa.

- Mispa is die plek waar Samuel vir Saul as koning van Israel gesalf het;
- by Mispa het die volk gebid en geoffer;
- vanaf Mispa het die Israeliete die Filistyne begin verslaan;
- Mispa is die plek waar die Here sy volk gered het;
- Mispa is daarom vir ons die simbool van die bekende.

Sen, daarenteen is eintlik 'n plek waarvan ons niks weet nie. Niks belangrik het daar gebeur nie. Die Bybel maak ook nie verder melding van Sen nie. Sen is vir ons die simbool van die onbekende.

Die feit dat Samuel die klip regop sit tussen Mispa en Sen, en nie by Mispa waar alles gebeur het nie, het dus 'n simboliese betekenis.

Samuel sit die klip regop tussen Mispa en Sen – tussen die bekende en die onbekende. En hy gee aan hierdie klip 'n naam: Ebenhaeser. Dit beteken: klip van hulp. En hy bely: *"tot nou toe het die Here ons gehelp." ("Tot hiertoe het die Here ons gehelp."* 1953 Vert. en NLV)

Samuel wat by Mispa as middelaar tussen die volk en die Here opgetree het... En die klip Ebenhaeser wat getuig van die hulp van die Here in 'n uur van groot benoudheid in Israel.

So verkeer ons ook vandag tussen die bekende en die onbekende. Die bekende: die pad wat agter ons lê. Die onbekende: die pad vorentoe waar ons nie weet wat in die toekoms vir ons wag nie.

Maar ons het ook ons Middelaar Jesus Christus. Want ons lees in die Woord hoe die Here sy gelowiges in Jesus Christus gered het uit die mag van die sonde, die satan en die ewige straf. Ons grootste en diepste nood hier op aarde. Ons weet egter nie wat alles nog in die onbekende toekoms op ons almal wag nie. Die onbekende is vol onsekerheid en angstigheid.

> *Maar ons het in Jesus Christus ons enigste vastigheid. Hy, die klip wat deur die bouers geminag is, Hý het nou die hoeksteen geword.*
> *Handelinge 4:11 (2020 Vert.)*
> *Hy ons hoeksteen tussen die sekerheid wat agter ons lê en die onsekerheid wat vorentoe op ons wag. Op Hom bou ons ons toekoms, ons hoop, ons hele lewe.*

Met net een klippie verander God 'n volk se toekoms

Lees 1 Samuel 17:40-54

1 Samuel 17:49 – "... die klip het sy voorkop ingedring."

Dawid, 'n skaapwagterseun uit Bethlehem, met sy slingervel en vyf gladde klippies teen die baasvegter Goliat van die Filistyne, die drie- meter lange reus met sy dolk, sy spies en sy magtige swaard in sy hand. Wie sou die geveg wen? Die uitslag sou die toekoms van 'n volk bepaal.

Sou Goliat wen, sou die Israeliete die Filistyn se slawe wees. Sou Dawid wen, sou die Filistyne die Israeliete se slawe wees. (1 Samuel 17:9)

Saul, die koning van Israel het geglo niemand in Israel staan 'n kans om teen die groot reus Goliat te wen nie.

Maar hier is dit die grote God wat by 'n swakke mens soos Dawid kom staan. Dawid het geglo, met sy God kan hy oor 'n muur spring en selfs 'n groot bende stormloop. (Psalm 18:30)

Hy ontmoet hierdie reus op die slagveld met geloof in sy hart – maar sy wapens is so gering: net 'n slingervel en vyf gladde klippies. Daarom dat Goliat vir Dawid en sy slingervel met minagting aankyk. (1 Samuel 15:42)

Maar Dawid sê vir Goliat: *"Jy kom na my toe met 'n dolk en 'n spies en 'n swaard, maar ek kom na jou toe in die naam van die Here, die Almagtige, die God van die linies van Israel, wat jy verkleineer het.* (1 Samuel 17:45) Vinnig hardloop hy die Filistyn op die gevegsterrein tegemoet, steek hy sy hand in sy slingersak, vat een van die 5 gladde klippies, sit dit in die slingervel en begin die slingervel swaai. Skielik laat hy die een punt van die slinger los, en die klein klippie skiet met 'n geweldige vaart uit die slinger, reguit op pad na die reus se voorkop. En die reus word sekuur reg in die middel van sy voorkop getref, sodat sy knieë knak, en hy reg vooroor op die grond val.

In Dawid se slingersak was daar nog vier ongebruikte klippies oor.

Net een klippie was genoeg! Dit is die wonder van God se krag, genade en voorsienigheid. Toe almal in Israel bang was vir Goliat, toe almal verskrik teruggedeins het as hy op die slagveld verskyn, toe het God 'n klein skaapwagterseun met 'n slingervel in die hand as sy instrument gebruik. En hierdie een enkele klippie uit Dawid se slingervel het die hele veldslag beslis, en 'n groot oorwinning vir die Israeliete beklink. Alles met een, klein, gladde rivierklippie.

Agter hierdie klippie sien ons egter God se hand. Sy voorsienigheid. God bepaal die sekonde dat die klippie die slingervel verlaat. Hy bepaal die krag agter die klip – die rigting van die klip – en bring die klip van Dawid en die voorkop van Goliat bymekaar.

So gebruik God die klein dingetjies om groot veranderinge aan te bring. Uit 'n klein mosterdsaadjie groei 'n groot boom.

So was die kruis van Christus vir die Jode 'n aanstoot, en vir die Grieke onsin, maar vir die wat deur God geroep is, is Christus die krag van God en die wysheid van God. (1 Korintiërs 1:23)

Deur die offer van sy Seun aan 'n kruis op Golgota het God jou toekoms en my toekoms en die toekoms van so baie gelowiges vir ewig verander. Wat vir die wêreld die onsin van God is, is groter wysheid as die wysheid van mense, en wat vir die wêreld die swakheid van God is, is groter as die krag van mense. (1 Korintiërs 1:25) Dit leer ons uit ons voorgelese gedeelte.

Maar net één tree

Lees 1 Samuel 20:1-3

1 Samuel 20:3 – "Dawid het toe vir Jonatan met 'n eed verseker: "Jou pa weet baie goed dat jy van my hou en hy het gedink: Jonatan mag dit nie weet nie sodat hy nie sleg voel nie. Maar so seker as die Here leef en so seker as jy leef, daar is maar net een tree tussen my en die dood."

'n Bekende teks. Die teks van die een tree!

Hierdie teks spreek ons op 'n besondere manier aan in die tyd waarin ons vandag leef. Ons hoor gereeld oor die nuus hoeveel sterfgevalle elke dag aangemeld word. En die onrustige vraag in elkeen van ons harte is dit: Wanneer is dit my beurt?

Ons relatiewe (onsekere) sekerheid en sekuriteit is weg. Die dood sluip saggies, onhoorbaar en onverwags op mense af. Die dood is net een tree ver – minder as een meter! Dawid was nog maar 'n jong man toe hy hierdie raak woorde uitgespreek het. Sy lewe was egter heeltemal onseker – koning Saul van Israel het sy dood gesoek. Enige oomblik kon 'n spies of 'n pyl sy lewe beëindig. Ja die dood ontsien nie ouderdom nie – die dood vra nie hoe oud of hoe jonk 'n mens is nie. Die dood kom skielik, ongevraagd en onverwags. So was dit in Dawid se tyd. So is dit nog steeds in ons tyd vandag nog. Altyd maar net een tree tussen ons en die dood. En wat is één tree in afstand gemeet? Eintlik niks.

Maar die kind van God kan hier ook rustig wees – al dink hy aan hierdie een tree. Want hy weet hierdie één tree is terselfdertyd ook nog één tree nader aan God. So naby is God aan ons. God los my nie alleen in hierdie wêreld van dood en sterwe nie. Hy bring my huis toe – na Sy huis toe. Hoe lank hierdie tree vir jou en vir my is, weet niemand nie. Net God weet dit. Maar van die mens se kant gesien is dit maar net een enkele tree – so kort en so naby is dit.

Tog bely ons ook in hierdie wêreld waarin ons vandag lewe presies soos die Heidelbergse Kategismus (vraag en antwoord 1) ons leer: *My enigste troos in lewe en in sterwe is dat ek met liggaam en siel nie aan myself nie, maar aan my getroue Verlosser Jesus Christus behoort. Hy het met sy kosbare bloed vir al my sondes ten volle betaal en my uit alle heerskappy van die duiwel verlos. Hy bewaar my op so 'n wyse dat sonder die wil van my hemelse Vader, geen haar van my kop kan val nie...*

Dit beteken nie dat daar 'n haar van ons kop sal val nie. Dit beteken wel dit kan nie gebeur sonder die wil van ons hemelse Vader nie.

> *Christus verander ons visie rondom hierdie een tree tussen ons en die dood. Vir ons is dit vandag net een tree oor die doodsdrumpel – een tree tot in die Vaderhuis. Een tree, en dan sien ons onse Here Jesus Christus van aangesig tot aangesig!*

Geloof, hoop, en liefde as beskermers van ons lewe

Lees 1 Tessalonisense 5:1-11

1 Tessalonisense 5:8,9 – "Maar ons wat van die dag is, moet nugter wees; ons moet geloof en liefde as borsharnas dra en die hoop op verlossing as helm. 9 God het ons tog nie bestem om gestraf te word nie, maar om deur ons Here Jesus Christus verlos te word.

Die twee lewensbelangrike dele van die liggaam wat beskerm moet word is die kop en die bors, want dit is die setel van die brein en die hart. Gesamentlik is dit die setel van die lewe!

As 'n swaard jou kop kloof of jou hart deurboor, is dit verby met jou lewe. As ander dele van jou liggaam verwond word, staan jy nog 'n kans om te lewe. Daarom het die soldaat hierdie twee uiters kwesbare plekke in sy liggaam na die beste van sy vermoë beskerm: 'n helm op die kop, en 'n borsharnas rondom die hart. Albei is uit dik metaal vervaardig.

Maar 'n helm en 'n borsharnas is nie aanvalswapens nie. Dit is daar vir beskerming, verdediging en bewaring van die lewe. Ons mag dus onsself beskerm en verdedig. Ons het 'n verantwoordelikheid teenoor onsself.

Maar kom ons bekyk die wapenrusting wat ons beskerm van nader. Geloof, hoop en liefde. Die implikasie is dat ons lewe bedreig word. Ons verkeer in lewensgevaar. Die vyand is besig met 'n aanslag op ons lewe. Daarom moet ons onsself so effektief as moontlik beskerm met geloof, hoop en liefde. Al drie hierdie verdedigingswapens reik uit na buite onsself. Geloof reik uit na God. Geloof beteken om op God te vertrou – nie op jouself nie. So beskerm jy jou lewe.

Liefde reik uit na God en jou naaste. Liefde bestaan uit dade – nie emosies nie. Dit wat jy doen in belang van God en jou naaste.

Hoop reik uit na die toekoms. Dit klou nie vas aan die hede nie en wil nie die *status quo* handhaaf nie. Hoop is bereid om die hede los te laat en na die toekoms te gryp.

So, as jy jouself wil beskerm, moet jy jouself kan loslaat, en uitreik na buite: Na God, na jou naaste, en na die toekoms. Dit is die mens wat God wil hê jy moet wees.

Maar as jy jouself terughou van God, van jou naaste en van die toekoms, en net vir jou eie belange hier en nou in die hede lewe, gaan jy alles verloor. Jy is dan soos 'n soldaat in 'n geveg sonder wapenrusting. So kwesbaar soos kan kom. 'n Maklike teiken vir die vyand, met geen weerstand en geen beskerming teen die vyand se wapens nie. Dan is jy ook nie nugter nie, maar eerder soos iemand wat dronk is.

As jy jou lewe wil beskerm moet jy jou lewe met hierdie drie dinge omring: Geloof wat vertroue bied in

God, hoop wat uitsig bied op die toekoms, en liefde wat solidariteit – eensgesindheid – bied met God en ons naaste. Niks wat jou dan kan onderkry of vernietig nie. Daar is altyd 'n stewige fondament onder jou (vertroue), bande wat vas en heg gesmee is (liefde) en perspektief ten spyte van jou huidige situasie (uitsig).

En dit gebeur waar 'n mens waarlik Christus gevind het. Want in Christus is daar vir ons altyd geloof, hoop en liefde.

Dan is jou lewe na alle kante beskerm, en is jy toegerus vir die stryd wat voorlê. 1 Tessalonisense 5 handel oor die wederkoms van die Here. Dit is die tyd waarin ons vandag lewe. 'n Tyd van stryd, waar ons gemaan word om gedurig waaksaam en gereed te wees.

> *Die vraag is: is jy gereed vir die stryd wat voorlê? Daar is nog tyd om jou wapenuitrusting aan te trek. Maar: Oppas! Môre is dalk te laat.*

Die grootste sondaar

Lees 1 Timoteus 1:122-17

1 Timoteus 1:15 – "Dit is 'n betroubare woord en kan sonder voorbehoud aanvaar word: Christus Jesus het in die wêreld gekom om sondaars te verlos. Van hulle is ek die grootste." (Die 2020 Vert. lees: "... van wie ek die heel grootste is.")

Die kerk bring 'n betroubare boodskap! Met ander woorde 'n boodskap wat as eg vertrou kan word. Hierdie uitdrukking kom in die briewe aan Timoteus nie minder as vyf maal voor nie. Nêrens anders nie. Dit is dan die inleiding tot die evangelie.

Die goeie nuus dat Christus gekom het om sondaars te red. Sonde of sondaar – ons is al so gewoond aan hierdie begrippe dat ons dit al baie afgewater het.

Eintlik het dit 'n skrikwekkende betekenis. Want sonde en sondaar beteken: Verlore! Bestem vir die ewige verdoemenis! Want om 'n sondaar te wees impliseer om jou doel in die lewe te mis, en om aan God ongehoorsaam te wees.

Onse Here Jesus Christus het dit egter alles verander. Hy het juis gekom om sondaars te red.

Sondaars soos Paulus. Paulus was aanvanklik 'n verbete vervolger van die kerk. En nou is Paulus ook gered, soos iemand wat uit die vuur geruk is. (1 Korintiërs 3:15)

Paulus praat egter nie van homself en sy sonde in die verlede tyd nie. Met ander woorde: hy wás eers 'n sondaar nie. Maar juis in die teenwoordige tyd: hy is nog steeds 'n sondaar – 'n geredde sondaar.

En hy vergelyk homself met al die ander sondaars van die wêreld. En dan sê hy dat hy die die heel grootste sondaar van hulle almal is – die een met die meeste sonde.

Wanneer mens jou sonde kan bely, is jy die naaste aan die Here.

As die Heidelbergse Kategismus vra wat 'n mens moet weet om gered te word, is die antwoord drievoudig:

Ten eerste: Hoe groot my sonde en ellende is.

Ten tweede: Hoe ek van my sonde en ellende verlos kan word.

Ten derde: Hoe ek God vir so 'n verlossing dankbaar moet wees.

Dus: die heel eerste stap tot 'n mens se verlossing is die diepe besef van hoe groot jou sonde en ellende is. Soos in ons teksvers. Dan word jou dankbaarheid oor jou verlossing dieper, groter en inniger.

Paulus wat homself beskryf die grootste van alle sondaars. Dit is juis toe, toe hy die heerlike genade van Christus van naby leer ken het.

Soos 'n dorstige wat in die woestyn besig is om van die dors te sterf, en dan skielik die heerlike koel water ontvang om dit gretig op te slurp ... en so verlos te word van 'n dorsdood.

Tussen verset en oorgawe

Lees 2 Konings 20:1-7

2 Konings 20:2 – "... en hy bid tot die Here..."
2 Konings 20:3 – "Hiskia het bitterlik gehuil..."

ie siekwees van 'n gelowige kind van die Here speel af tussen twee spanningsvolle pole: die pool van verset en .... die pool van oorgawe. Verset teen siekte – oorgawe aan God.

Hierdie twee pole vind ons in ons teks in die twee woorde: Bid en Huil!

Bid beteken oorgawe aan God

Huil beteken verset teen siekte.

Dit bring 'n geweldige spanning in die lewe van 'n gelowige kind van die Here. Maar hier vind die gelowige ook sy krag.

As die twee vaste punte in spanning met mekaar is, is dit soos 'n boog se snaar wat styf gespan is. Dit is juis 'n boog wat styf gespan is, wat sy pyl met krag en spoed ver en diep kan skiet.

'n Boog wat slap is tussen die twee punte, sonder dat die snaar gespan is, beteken ook niks in die stryd nie. Daarom moet ons ons lewe "span" tussen hierdie twee punte: Aan die een punt – verset. Aan die ander punt – oorgawe.

Soos Hiskia.

Verset teen siekte.

Oorgawe aan God.

Maar ons moet versigtig wees om die nie verkeerdom te span nie: Verset teen God en Oorgawe aan siekte nie. Dit is heeltemal in lyn met die Bybel om jou teen siekte te verset. Die hele mediese wetenskap in 'n oorlogs-verklaring teen siekte. Verset teen siekte sluit oorgawe aan siekte uit. En oorgawe aan God sluit weer verset teen God uit.

Hierdie twee punte moet daarom in harmonie en balans met mekaar verkeer. Verset teen siekte en oorgawe aan God. As daar maar net eensydig verset teen siekte is, loop dit uiteindelik uit op wanhoop. 'n Tandeknersende, krampagtige opstandigheid, wat geen vrede en geen rus en geen krag bied nie. As daar maar net oorgawe aan God is, klink dit op die oog af baie opreg, vroom en gelowig, maar dit kan weer uitloop op 'n soort fatalisme, waar jy maar net gedweë berus in jou "lot" wat oor jou kom, en ook dit kan nie vrede en rus bied nie. Nee, siekte speel af tussen die gesonde spanning van Verset en Oorgawe.

Soos by Hiskia: Bid beteken oorgawe aan God, en huil beteken verset teen siekte.

Daarin lê die gelowige se krag. Dit is die geheim in pyn, siekte en lyding.
So gee God aan ons krag en genade ... te midde van die bitterste lyding.
So word ons ook weer deur sy genade gesond.
Soos Hiskia!

Om op die Here te vertrou

Lees 2 Kronieke 16:1-10

'2 Kronieke 16:9 – *"Die Here het sy oë oral op die aarde sodat Hy dié kan help wat met hulle hele hart op Hom vertrou."*
(Die 2020 Vert. lees: *"Want die Here, sy oë deurkruis die hele aarde..."*)

'n  angrypende gedagte! Die Here het die hele wêreld onder oë. Sy oë deurkruis die hele aarde.

'n Engelse vertaling lees: Sy oë beweeg heen en weer oor die hele aarde. Niks en niemand ontglip sy aandag nie. Sy oë is ook op jou en op my gerig. Waarna kyk Hy? Die antwoord: Na die mens se hart. Hy kyk of ons op Hom vertrou. Met ons hele hart!

Vertroue staan in 'n noue verband met geloof soos ons in Hebreërs 11: 1 lees: *"Om te glo is om seker te wees ('n vaste vertroue – 1953 Vertaling) van die dinge wat ons hoop, om oortuig te wees van die dinge wat ons nie sien nie."* Ons kan dit in mense se dade en handelinge sien. Hoe bid ons? Vertrou ons werklik dat God ons sal verhoor? Hoe lees ons Bybel? Vertrou ons Hom op sy Woord? Hoe lewe ons? Met vertroue op die toekoms? Dien ons Hom met vertroue? Dan is daar vir ons 'n belofte in ons teks. Ons kan seker wees van sy hulp!

In Hebreeus is die woord vir vertrou die woord: *Shalem*. Die woord vir vrede is weer die woord:

Shalom. Daar is dus 'n woordspeling tussen die twee woorde. Wie op die Here vertrou (*Shalem*) het inderdaad ook vrede (*Shalom*) in sy hart. *Shalom*: die vrede waarna elke mens smag.

Shalom het vir die Jode 'n verruklike betekenis gehad. Vrede! Vrede met God. Vrede met jou naaste. Vrede met jouself. Maar as jy God nie vertrou nie, wantrou jy Hom eintlik. Wantroue beteken: om geen vertroue te hê nie.

Soos Asa wat nie op die Here nie, maar op die koning van Aram gesteun het. Daarom sê die siener Ganani vir hom: "Jy het nou dwaas opgetree." Dit beteken: Strydig met God se wil. En die straf was: Onvrede! Moeilikhede met mense. Oorlog. Onrus. Die Shalom word weggeneem.

As mens op ander dinge vertrou, kom die ander dinge ook eerste en God tweede. Om God te wantrou kom neer op ongeloof.

In Christus leer ons hoe ons op God moet vertrou. Kinderlik en opreg. Soos 'n kind wat nie vrae vra nie. Hy glo. Hy vertrou.

> *Die woorde van ons teks geld ook vir ons vandag.*
> *Die Here het sy oë oral op die aarde. Sy oë rus ook*
> *op jou en op my. Wat sien Hy in ons hart?*
> *Vertroue? Of: Wantroue?*

Wat God doen is volmaak

Lees 2 Samuel 22:29-35

2 Samuel 22:31 – *"Wat God doen, is volmaak..."* (1983 Vert.)
  "God sy weg is volmaak" (2020 Vert.)

In ons teks vind ons suiwer geloofstaal. Hier word bely – en dit wat bely word kan nie bewys word nie, dit kan net geglo word. Menslike ervaring speel nie hier 'n rol nie. Trouens, menslike ervaring kan in presies die teenoorgestelde rigting wys.

Die sieke wat weet dat daar geen beterskap en geen genesing vir hierdie siekte gaan wees nie, wat op sy siekbed bely: *"Wat God doen is volmaak."*

Die mens wat deur die lewe geknak en gebreek is, en by die skerwe van sy lewe sit, en bely: *"Wat God doen is volmaak."*

Die mens wat aan die einde van sy lewenspad gekom het, en baie storms, terugslae en hartseer moes deurmaak, wat bely: *"Wat God doen is volmaak."*

Treurendes langs 'n oop graf wat bely: *"Wat God doen is volmaak."* Altyd is die belydenis dieselfde.

En hier staan die menslike verstand botstil. Die menslike verstand kan dit eenvoudig nie verstaan nie. Dit klink net nie logies nie. Dit is die misterie, die geheim van die geloof. Die geloof wat jou laat volhard en tot die einde toe laat bely: *"Wat God doen is volmaak."*

Want hierdie stukkie legkaart begin eers pas as ons die heel middelste prentjie duidelik sien. Want ons kan nie eers verstaan dit wat ons helder en duidelik kan sien nie. Ons kan nie verstaan waarom God ons in Jesus Christus lief het nie.

Dit is vir ons geheel en al vreemd.

Dit is die grootste misterie, die grootste geheim van ons geloofslewe. Iets wat oneindig hoog uittroon bo al die ander dinge wat met ons hier op aarde gebeur. En as ons daarna kyk, bely ons met 'n gevoel van oorweldigende dankbaarheid in ons harte: *"Wat God doen is volmaak."*

> *En dit word die belydenis vir elke ding wat met ons hier op aarde gebeur: "Wat God doen is volmaak." Ons verstaan dit nie.*

Die oorsprong van die kwaad

Lees 2 Samuel 24:1-15

*2 Samuel 24:1 – "Op 'n keer was die Here vertoorn op Israel. Hy het Dawid teen hulle aangehits en gesê: "Gaan tel die Israeliete en die Judeërs."
1 Kronieke 21:1 – "Satan was teen Israel. Hy het Dawid aangehits om 'n sensus van Israel te hou."
(1983 Vertaling)*

Waarom het hierdie verskriklike ramp in ons voorgelese gedeelte die volk Israel getref? Deur die eeue worstel mense met die probleem van die kwaad. Waar kom die kwaad vandaan? Waarom is daar soveel pyn en lyding hier op aarde? 2 Samuel 24:1 wil ons die hand van God laat sien in alles wat met ons gebeur. Niks gebeur met ons buite God se wil nie.

1 Kronieke 21:1 maak dit egter duidelik dat ons nie kan sê God is die oorsaak van die kwaad nie. Die vraag na die oorsprong van die kwaad is in wese onoplosbaar. By wie moes Dawid die oorsaak van die ramp oor Israel gaan soek? By God, (2 Samuel 24:1) of by die satan? (1 Kronieke 21:1)

Die antwoord is nie by een van bogenoemde nie.

Dawid gee vir ons self die antwoord as hy sy sonde in 1 Kronieke 21:17 teenoor die Here bely: *"Dit is tog ék wat opdrag gegee het om 'n sensus van die volk te hou en ék wat gesondig het,"* en in 2 Samuel

24:10 smeek hy: *"Ek het swaar gesondig met wat ek gedoen het. Vergewe tog my oortreding Here!"*

Dit is ons uiteindelike adres om ons eie verantwoordelikheid vir sonde en kwaad te erken en te bely, en daarmee na die Here toe te vlug. Hy alleen het vir ons die antwoord in Jesus Christus onse Here.

By hom alleen is daar troos en vergiffenis.

By Hom alleen vind ons rus en kalmte, soos 'n kindjie wat by sy moeder tevredenheid gevind het. (Psalm 131:2)

En wat van rampe wat ons tref sonder die toedoen en sonde van mense?

www.ingramcontent.com/pod-product-compliance
Lightning Source LLC
Chambersburg PA
CBHW051822150726
47998CB00001B/253